ファッション、
美容部員、
アクセサリー、家具ほか
**すべての
販売員への
教科書**

売れる販売員は似合わないものを絶対に売らない

接客アドバイザー
桐山《きりやま》知佳《ちか》

ダイヤモンド社

2
嘘を言わない接客をする

販売員には、どういう人が向いているのでしょうか?

「人と接するのが好きな人?」

「明るい人?」

「テンションの高い人?」

よく言われるのが、こういう「社交的で元気な人」です。


しかし、こんな人ばかりなわけがありません。

いわゆる接客向きと言われる人でも、毎日、常に元気で社交的、人懐っこく過ごしていたとしたら、どこか無理をしているのではないでしょうか。

販売員である私たちも、「社交的で元気な人」じゃなければならない、そうじゃなければ、接客をすることは不可能だと思い込んでいるフシがあります。

だから、無理をしてテンションを上げ、明るく振る舞おうとしていることはありませんか？

もしあなたがそんな状態でしたら、今すぐやめてください。


「接客に向いていない人はいません」

私が研修のはじめに必ず話す言葉です。

そして、私がその理由を話していくうちに、受講者の瞳の色が変わってきます。

その話が終わる頃には、

「早く売場に出たい」

「私も、売れるようになるはず」

という、期待に胸をふくらませたいきいきとした表情が、セミナー会場内に溢れています。


では、私は一体どんな話をしているか――。

それは、接客は性格と技術で成り立っているということです。

よく、接客に向いている人は、前述のとおり、社交的で元気な人である、と言われています。

一方で、向いていない人は口下手で、シャイで、人見知りする人だと言われます。


しかし、本当にそうなのでしょうか。


お客様の中にも、やたらテンション高く話しかけられると、嫌だという人もいます。

もしあなたが、落ち着いて、淡々としている性格なら、ゆっくり話す販売員のほうが、お客様も落ち着いて考えられることもあるでしょう。

お客様にも、もちろんたくさんの性格の方がいるのです。


皆さんの性格はどんな性格ですか？

例えば「うっかりもの」であるとしたら？

その「うっかりもの」ですら、接客に向いている、と断言できます。

「うっかり、なくしものが多い」という経験から、「このバッグはポケットがたくさんあります。だから小さなものをなくさずにすみます」と、お客様へ話せます。

もし、皆さんがシャイな人なら、

「どうしたら私のように、自分から話さないお客様に話してもらえるようになるだろう」と、お客様の立場で接客を考えることもできるのです。

接客に向いていない、と考えている人のほうが、接客向きだと言われている人よりも十倍も百倍も売れるようになる可能性もあります。

販売員は、さまざまな性格のお客様を相手にします。だから、こちらだってどんな性格でもいい、という珍しい仕事なのです。

皆さんひとりひとりがオリジナリティのある接客ができる、とも言えるでしょう。

自分だけの接客ができるようになれば、どこに行ってもそれが武器になります。

販売は、そのような面白い仕事です。

私は、接客でいちばん大切なことは「信頼されること」だと思っています。

そのための大前提が「嘘をつかない」こと。

よく考えれば、当たり前。

嘘をついている人は、絶対に信頼されないのです。

大抵の人が、販売員のことを苦手、あるいは嫌いという意識を持っています。

その理由は、

「似合わないものを、無理にすすめてくる」

「サイズが合わないものを、買わされたことがある」

などさまざまです。

このことからわかるのは「信頼されていない」という事実です。


そんな中、あなたが本来の性格とは違う「明るい、テンションが高い人」を演じていたら。お客様は嘘の匂いをかぎとってしまうでしょう。

話す前から、信頼感など得られない空気になってしまいます。


だから、あなたは、あなたの性格のまま、売り場に立ちましょう。

取り繕うのは裏目に出ます。

接客は性格と技術で成り立っていると言いました。

この「技術」の要が、「商品説明」です。

商品説明とは「この商品がお客様にとって、どのように役に立つのか」を説明できるスキルです。

あなたは、接客中に、嘘を言ったことがありますか？

サイズが合わないものを無理に売ってしまったり、似合わなさそうなものを似合うと言ってしまったり……。

こうなれば、もちろん、お客様との信頼関係は生まれません。

なにより自分も辛く、いたたまれないでしょう。

商品説明は、ただ商品のことを説明すればよい、というわけではありません。

目の前のお客様に合わせ、それぞれの似合うものやベストな機能を選べる高度な知識も必要です。

商品説明につなげるために、お客様が欲しているものを、少しでも多く汲みとるための質問力や、お客様と話す前に、「この人はこんなものが似合うかも」などと見当をつける外見観察力も必要です。

また、説明するときの会話スキルも欠かせません。

これらがしっかりできている販売員は、嘘を言う必要はありません。

なぜなら、ウソでごまかさずとも、お客様に説明できる確かな技術を持っているからです。

こんな販売員は、必ず信頼されると思いませんか？

当たり前ですが、お客様は「いい買い物」をしたいと思って売り場を訪れます。

性格そのままの、信頼感のある、絶対に嘘をつかない販売員から買い物をしたいはずです。

ぜひこの本で、商品説明を中心としたそれらのスキルを、しっかり身につけてください。

もうひとつ、信頼感のための大きな武器である、自分の性格を大切にしつつ、それらを活かす技もしっかりつめこみました。

「そもそも、商品説明って何すればいいの？」
「外見観察ってよく言われるけど、どこ見たらいいの？」
「気づいたら私『着やすいですよね』しか言えてない」

など、接客に行き詰まったときはもちろん、そもそも何をすればいいのかもたくさん載せています。

この本を読んだ皆さんに、
「今すぐ売場に出たい！」
と思ってもらえるなら、なにより嬉しいです。

CONTENTS

第3章 空気を読むは仕組み化できる 167

第4章 質問は、「商品説明」への道筋 219

第5章　とっさに使える接客ワードを丸暗記しておく　261

第6章　顧客はできた時からが勝負　299

第7章 お店の人間関係は風通しの良さから生まれる 313

序章

売れる販売員が知っておくべき6か条

接客は自分のためにする

いちばん最初に覚えておくべきことは、接客はお客様のためにするわけではなく、自分のためにするということです。

よく「お客様を第一に思う」とか「お客様は神様だと思う」と言われますが、それは間違いです。

必要以上にお客様を崇拝する必要はありません。そうしてしまうと、途中で必ずやめたくなる日が来ます。

仕事がうまくいかないことをお客様のせいにしたり、自分がこんなに接客をしているのにと見返りを求めたりしてしまうからです。

第一、販売員の接客内容が「褒める」「尽くす」となってしまい、大したスキルは必要なくなってしまいます。

それでは、自分のために接客をするには、何を持てばいいかというと、**「お客様の生活を変える」という気持ちです。**

「お客様の生活を変える」ために学び、経験し、実践したことは必ず販売員のスキル

を格段に上げます。そのスキルは、

・扱っている商品の知識
・お客様を変身させるスキル
・望んでいることを聞き出すスキル
・お客様が気づいていないニーズに気づくスキル
・商品を組み合わせるスキル

などなど、数えあげたらきりがありません。

例えば、目の前のお客様を「モテる」という生活に変えるために、あなたならどのような手段を使いますか？

アパレルの仕事なら、その人に似合う服を、仕事や人間関係といった状況に合わせて組み合わせていくでしょう。

さらに、この人は痩せているけどお腹は出ているから、お腹周りがシャープに見えるように視線を上に散らせるようにしたい……など、あらゆる人の体型に合わせられるような知識を持つ必要があります。

会話のスキルや、気持ちよく買い物してもらうためのホスピタリティ、といったプロの技も身につけられます。

接客で重要なこととは、売れ筋や在庫に関係なく、そのお客様を見違えるように変身させられたり、気持ちまで変えることができるかです。

例えばメイクでは、鏡を何度も見直してニンマリしてしまうようなコスメを紹介できたかです。家電では、お客様が「いろいろな機能があってどれがいいかわからなかったけど、使ってみたらとてもよかった」と満足するかです。

顧客をたくさん持つ販売員は、間違いなくみんなこういう「誰かを変える」能力を持っています。

「お客様を神様」とするのではなく「お客様の生活を変える手伝いをする」。

この心得が、販売員としてのスキルを積み重ねさせ、あなたをプロにしていきます。

まずは絶対に、
自分が可愛いこと

販売員として、まず大切なのは、「販売員は、おしゃれじゃないとだめ」ということ。確実に売上につながるので、販売員の「義務」と言っても過言ではありません。

新入社員の頃、私は「黒は着れば必ずかっこよくてクールなイメージになる」と信じ込んでおり、黒ばかり着ていました。

しかし、もちろん、店頭に入荷するのは黒い服ばかりではありません。

でも、その時の私は黒がいちばんいいと思っていました。

だから、お客様が黒と赤で悩んでいるとしたら、必ずすすめるのは黒。自分では他の色を着ないので、反射的にそうなってしまったのです。

そのため、黒以外の商品を手に取ったお客様にはいつも、おどおどビクビクと接客するはめになりました。

「自分がおしゃれ」だと売上が伸びる理由のひとつは、**「おしゃれになるために、いろいろな商品を試して経験を増やしているから」です。**

販売員にとっていちばん大切なのは、おすすめする商品が、お客様になぜ似合うのか、なぜいいのか、どう着ればいいのかなどを話せること。

自分のセンスが売り物になるのです。

私の失敗例のように、着こなしの幅がないというのは、すなわちお客様に提案する知識がないということです。

商品説明で何よりも効くのは、販売員の失敗談です。「この服は少し後ろに倒して着ると華奢《きゃしゃ》に見えました」など、確かな裏付けがあるほうが、お客様に届きます。

また、自分がおしゃれになると売上があがるもうひとつの理由は、自信が持てること。そして、そのことにより説得力が増すということです。

お客様は初対面の人がほとんどで、まず外見で判断されます。**アパレルの販売員に限らず、似合うものを堂々と着こなしている姿は安心感があります。**

高額のインテリアを扱う販売員が必ずジャケットを着用するのは、「高いものをこのスタッフから買っても大丈夫」という信頼感を得るためです。その場にあったおしゃれをしている販売員は売上につながるのです。

接客で何よりも
大切なのは、
「信頼」を得ること

皆さんの周りで、お店を決めて通っている人はいるでしょうか。

この販売員からいつも買っている、長く通い続ける美容室がある……。

こんな人は、意外と少なくないでしょうか？

しかし、行きつけのショップに友人と行き、一緒に接客を受け、私が販売員から提案をされると羨ましがられます。「桐山さん、こういうのも似合うと思いますよ」などと提案されるのを聞くと、友人は自分もいい販売員さんに出会いたいと思うようです。

つまり、潜在的なリピーターは世の中にまだまだたくさんいるのです。

一方で、接客は「できれば受けたくない」と思われているのも事実です。

見たらわかるようなことを一方的に話され、サイズが合っているかどうかを聞いたときに「大丈夫です」と根拠なく言われてしまえば、確かに「この販売員は買わせるためだけに接客をしている」と感じる側の気持ちもわかります。
また、そのことを皆さん自身もどこかで感じていて「嫌われたくない」と及び腰になっていないでしょうか。
接客を嫌がる人は、リピーターになりたいと思うような接客を受けたことがない人です。ただそれだけなのです。

この本で、リピーターになりたいとお客様に思わせるような接客をぜひ身につけていきましょう。

何よりも大切なのは、「信頼」を得ること。そのために最も大事なのは「商品の説明がしっかりとできること」です。

この本では、その大切な「商品説明」のスキルを中心に、信頼を得るためのたくさんのスキルを身につけましょう。

お客様の恥は販売員の恥

お客様が手に取った商品がもし似合っていなかったら、皆さんどうしますか?

ある日、道ですれ違った女性のスカート丈が長く、「あの人、スカートの丈があと5センチ短ければ、もっとスタイルよく見えるのにな」と思ったことがあります。

同時に、その女性に服をすすめた販売員は、もしかしたら大きなチャンスを逃したかもしれないと感じたのです。

お客様がほしいと思っているのに、無理に「買わないでください」という必要はありません。

しかしそんな時こそ、「そちらもよいですが、お客様にはもっとおすすめのものがありますよ」と伝えられる販売員になってください。

そして、それを伝えるためには必ず販売員のしっかりとした知識が必要です。

お客様は購入したものを、あとから他人に評価されます。

もし、お客様が褒められたなら、おすすめしたあなたが、大きなインパクトになって印象に残ります。

あなたのセンスが評価され、信頼感がとても高まるのです。

私の知る、高い売上を誇る販売員には「そこまで言ってもいいの!?」というような辛口の人もいます。

でも、そういう人には、顧客が多くついています。

お客様に商品をすすめる時は、「お客様が人からどう思われるか」を必ず考えてみてください。

怖がらずに、「お客様のためになること」を実行してみるのが、いちばんです。

接客にはシーンがある

「商品の説明が大事」とお伝えしましたが、ざっくりいうと、接客のポイントは7つあります。

この7つがそれぞれ上手になれば、接客もうまくなります。

まずひとつ目は、お客様が入ってくる前です。

お客様がお店にまだ入っていない時に、入店を促すための動きです。

主な作業は、商品をたたんだり声出しをしたりすることです。

これは動的待機とも呼ばれます。

2つ目は、そのお客様へ話しかけること。

お客様が商品を手に取り、興味を持っていそうでしたら声をかけます。

「アプローチ」と呼ばれます。

ちなみに、最初に行うのがファーストアプローチ。

ファーストアプローチをして反応が悪かった時、一回離れてから再度声をかける、これはセカンドアプローチと呼ばれます。

3つ目は、質問です。

先ほど声をかけたお客様へ質問をすると、見た目からはわからない悩みや要望を聞き出すことができます。

こうしてお客様が何がほしいのかを考えているうちに、商品について提案したい点やおすすめしたい商品が出てきます。

それが、4つ目の商品説明、この本で最も大切だと言っていることです。

商品の魅力を伝えるしっかりした知識を身につけましょう。

その流れで、5つ目のクロージングをします。

これは、商品説明の最後の締めくくりで、お客様の購入へのひと押しです。

最後が6つ目。レジで「買ってよかったですね」と太鼓判を押す一言を言うこと。

「お客様が買ったものは間違いなしです！」と満足していただきましょう。

さらに、この6ステップの間中ずっと「外見観察」を行います。

お客様が入ってくる前から、ファーストアプローチを経て商品説明をし、最後にお店を出て行かれるまで、観察をし続けること。

これがよい提案をするのに非常に大切です。プロの販売員の中には、パッと見ただけで、そのお客様がどういう人か分かる人もいます。ぜひ身につけてください。

これらひとつひとつの過程がしっかりできるようになれば、「信頼感」が必ず積み重なります。

「この販売員は自分に対して真摯《しんし》に向き合ってくれている」と感じ、この人から買う商品は間違いないと、あなたのリピーターになるでしょう。

「この人に聞いてよかった、悩みが解決した」と思ってもらえる比重が一番高いのが商品説明です。

この本では、6つのステップと、外見観察のすべてが身につくようにご説明しますが、中でも商品説明がしっかり身につくように本をつくっています。
ぜひとも、自分のスキルにしてください。

セカンドアプローチ

P.199

声がけが成功しやすいのでトライしよう

③ 質問

次の「商品説明」のために質問をする（第4章）

P.219

お客様の答えをリピートすると、いい質問が出る

お店を出る前までずっとする（第3章）

⑤ クロージング

信頼を得るために、無理なものはすすめない

P.153

真顔で真剣に

⑥ グッドチョイス

「いいものを買いましたね!」

信頼感と満足感でしめくくる

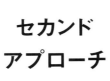

接客の流れ

1

動的待機

お店に入りやすいようにする

P.51

→

2

ファーストアプローチ

P.195

「ここに販売員がいますよ!」と気づいてもらう

自然と忙しく、にぎわっているお店が入りやすい

入った瞬間に「ちょっとあいさつ」程度でOK

外見観察　入店する前から、トーク中、

4

商品説明!!

ここがしっかりできると、信頼をがっちりつかめる（第2章）

P.79

自分の体験を話す

商品ひとつにつき、3つ良いポイントを考えておく

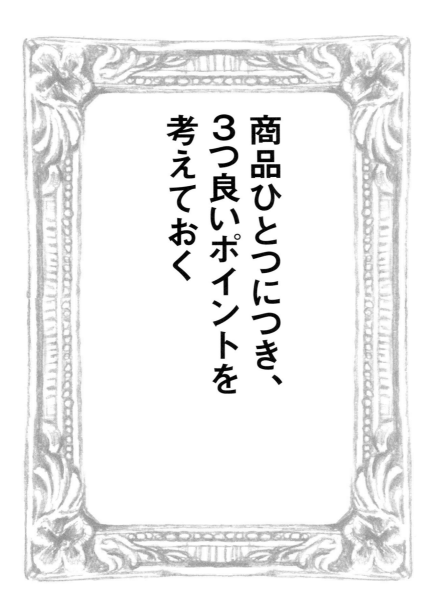

お客様に一生懸命説明しても、どれだけ接客技術を磨いても、一向に売れない時もあります。

そんな時、思い出してほしいのが、やはり「信頼感」です。

売れない時に何が起こっているかというと、「お客様に何とかして買ってもらいたい」という下心が見えていることです。

販売員は、もちろん「売るためのノウハウ」を磨きます。

しかし上辺だけのテクニックに偏ってしまった時に陥るのは、「中身のない接客」です。

それはお客様にとっては、「ただ買わせようとする接客」なのです。

店長として、とある店に赴任した時の私の失敗です。

その店は、新人のスタッフばかりでした。

その時の私の口癖は「それじゃ売れないね」。

すると、素直な新人スタッフたちは接客を売れる、売れないで判断するようになりました。

そうなってしまうと、似合ってもいないのに、お客様が気に入っていそうな方を「似合っていますね」と言ったりするなど、その場その場で買ってくれそうな商品をすすめるテクニックを重視するようになりました。


これは「売れる、売れない」を第一に気にすることの、明らかな弊害です。

こうなってしまうと、販売員としてのスキルは身につきません。


ある日、スタッフがお客様に対し商品提案をするところを見ていたとき、「こちらの商品はすごく着心地がいいんですよ」と言ったきり、固まってしまいました。

横から見ていた私は「えっ、他にもいいところがたくさんあるのに！」と思い、そこで初めて失敗に気づいたのです。

「売る」という気持ちはもちろん大切です。

でも、それよりもっと大切な、初歩の初歩は、目の前の商品のことについて、いいところをたくさん知っておくことです。

そうすることによってはじめて、その商品がどれだけお客様にとっておすすめなのかを伝えることができます。

そのためには商品ひとつひとつ、コーディネートひとつひとつに対して自分の言葉で語れないといけません。

販売員の仕事を「お客様に買わせること」とすると、買わせるためにあの手この手でおだてたり、調子の良いことをいかに言うか、ということだけになってしまいます。でも、販売員の本当の仕事は「買わせる」のではなく「お客様が自然と買いたくなるようにすること」なのです。

当たり前ですが、買うことを選択するのはお客様だからです。

そのために必要なのは、一にも二にも、商品の良さを知っておくことです。

本当にやるべきことはまず、閑散時間に商品を手に取って、その商品の良さを考えることです。

自分が実際に手に取ったり、着たり、使ったりしながら、意外だと思ったこと、すごいと思ったこと、発見したことを考え、言葉にしましょう。

目安はひと商品につき3つ考えておくとよいでしょう。

たとえば、スカートなら、

・ウエストの位置が高いので足が長く見える
・履くと上品な雰囲気が生まれる
・シワになりにくい素材だ

靴なら、

・先が細いので、ヒールではないのにきれい目な印象になる
・きちんと感が出せる
・靴ずれがしにくく、履いて走れるほど安定している履き心地だ

といった感じです。

いちばん重要な「商品説明」への第一歩が、「商品ひとつについて、3つ良い点を

言えるようにする」ということです。

後ほど第2章で、この商品説明のスキルの身につけ方をしっかり解説しますが、ここではこれを覚えておいてください。

皆さんも、販売員の説明に対し、「本当にこの商品が良いと思っているな」と感じたら、「この人は、本気ですすめてくれてるんだな」と信用しませんか？

そして、自信を持って「お客様ならこれがおすすめです」と言ってくれたら「ほしいかも」という空気が生まれます。

「買ってもらう」よりも、まず目の前の商品について、自分なりの考えを持つこと。それを何よりも大切にしてください。

声が小さくて損をしている

スランプで売れない原因を探る際には、ファーストアプローチや質問など、テクニックの見直しをする人がほとんどです。

しかし、そもそもの「声の大きさ」や「速度」などの話し方が原因の場合があります。

これは、なかなか気づきにくい盲点です。

ある販売員が、プロパー期では売れるのに、セールになるとまったく売れなくなるという悩みを持っていました。

セール期には客数が圧倒的に増えるので、最初は多くのお客様をさばくスキルが足りないのだと思っていました。

そこで、その販売員は、ひとりの接客をなるべく早く終わらせ、多くのお客様を接客できるようにと考えます。

しかし、まったく売れません。

ある日、仲の良いお客様がセール中に訪れました。

お客様と言っても、お互い遠慮なく好きなことが言い合える仲です。

するとそのお客様は販売員に対し、

「ごめんなさい、全然聞こえないかも」

と言いました。


売れなくなった理由がその一言に凝縮されていました。

セールのために大きくしたBGMで声がかき消されたこと、ひとりのお客様を早く終わらせようと、早口になっていたことで、お客様にとっては「何を言っているのかわからない」という状態になっていたのです。

その後、BGMの音量を少し下げ、プロパー期と同じように落ち着いて話をするようにしたら、その販売員の数字は元通りに安定しました。


実に単純な理由ですが、そもそも、せっかくお客様の役に立つことを話していても、何を言っているのか聞き取れなくては意味がありません。

そして、多くのお客様は聞こえづらいことを指摘してくれません。

自分で気をつけるしかないのです。

声の大きさや速度は、自分が思っている以上に小さかったり早かったりするもの。ロールプレイングの際に、スマートフォンなどで動画を撮りチェックしてみるとよいでしょう。

声が大きい人は堂々としている、声が小さい人は繊細なイメージを与えます。

速度がゆっくりな人はおだやか、早口な人はにぎやかな印象です。

必ずしも声が大きいのがいいわけでもありません。

お客様が聞きやすい話し方を習得した上で、自分なりの話し方をみつけるとオリジナリティが出ます。

まずは、ゆっくり、はっきり、大きな声でわかりやすく話しましょう。

第1章

まず知っておく基本のこと

お客様を好きになる
必要はありません

「お客様に興味を持つ」ことが大事だとよく言われますが、それを「お客様を好きになる」ことだと思っている人が多くいます。

好きになるとは、興味を持つことにつながりますし、間違ってはいません。**でも、すべてのお客様を好きになろう、というのは無茶なことです。**

昔、あるファンの多い販売員が言った「私はお客様のこと、好きでも嫌いでもないです」という言葉が今でも忘れられません。

彼女は、多くのお客様に慕われており、順番を待たれているほどでした。

「お客様を見て、『スタイルが悪く見える服を着てる』『どうして、この色を合わせちゃったんだろ』って思うことって、いい提案の材料になりますよね。好きだと逆に提案がしづらくなってしまうんです」

彼女の言葉は、当時の私にとって衝撃的でした。

お客様に「接客を受けてよかった」と思っていただくためには「褒める、好きになる」よりも、「客観的に見た上で、指摘をする」ことが重要であることに気づかされたのです。

だから、大切なのはまず、お客様に関してひとつひとつ確認していくことです。この作業なら、誰しも今すぐできます。

「あのお客様は肩幅が広い」「背が高い」「肌の色がオークル系」など、自分が気づいたところから確認してください。

「褒める、好きになる点」を探すと、逆に提案がしづらくなります。

良い悪いにかかわらず、確認すること。

まず、これを身につけましょう。

「お客様のことを好きになる」を目的にせず、お客様の役に立つためには何をすればよいかを考えるのが基本です。

明日からお店に入って、最初にすること

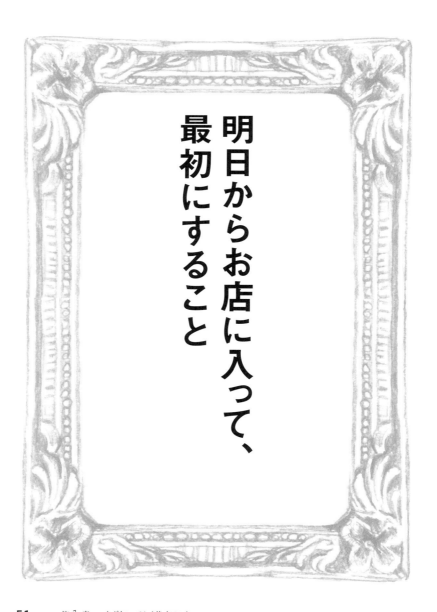

初めて出勤する時、何をするか不安に思う人もいるでしょう。具体的にどのようなことをすれば良いのかをまとめました。ベテランの方の場合でも、新入社員が入ってきた時の参考にして下さい。

まず、初日にするべきことは、商品をきちんと並べること（アパレルなら衣類のおたたみ）と、声出しです。

その際、気をつけてほしいのが、姿勢や表情です。

背中が曲がっていないか、内股になっていないか、大げさな笑顔や無表情ではなく、ふんわり自然に、良い人に見えるような微笑みが浮かべられているかです。

これらは「動的待機」と呼ばれます。

覚えておいてほしいのは「商品を並べる」のが第一ではなく、すべて、お客様が入店しやすくするためにしていることです。

また、お客様から見れば、先輩も新入社員も同じ販売員です。だから、まずするべきは、外見に差がつかないようにすること。

店にいる先輩がどのような表情で、何をしているのかをマネしながら売場でたたむ作業をしてみましょう。

もちろんお客様から話しかけられることもあるでしょう。

この時、慌てる必要はありません。まずは「はい」と落ち着いてハッキリ返事をしましょう。

サイズなどの在庫問い合わせ、ご試着の場合は「少々お待ちください」とお客様に伝え、先輩に「お客様のご案内をお願いします」と引き継ぎます。


まずこれら動的待機ができるようになると、レジなどの事務作業を少しずつ教えられるでしょう。

その時、必ずメモを持つようにしてください。細かいことがたくさんあります。メモを取り出す前に相手が話し始めてしまったら「メモを取って良いですか？」と聞いて、必ず取りましょう。

特に、事務的なことは、一度教えてもらったら、次はひとりでできるようにします。これができるだけで周りの目が違ってきます。また、次回からは「(以前教えていただいた○○を) やりましょうか？」と提案すれば一歩前進です。

よいスタートをきれる「出勤したら、まずやること」

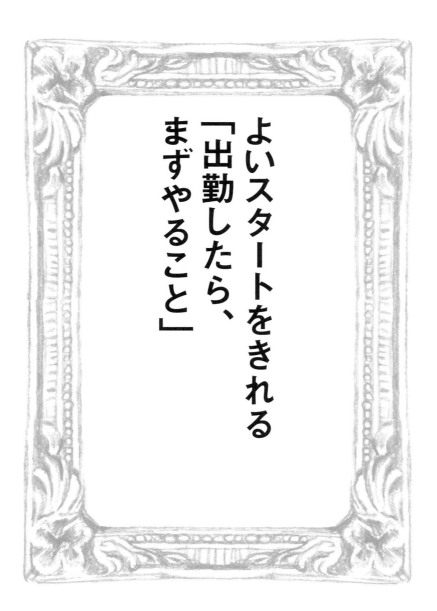

遅番で出勤した時、皆さんはまず何から始めますか？

ここでは、出勤したらまずすることをまとめておきます。

これだけで、一日のスタートダッシュが違います。

出勤で最初にすることは、その日一日を左右しますので、ぜひ明日からの習慣にしてください。

①自分からあいさつする

②数字の確認とその理由を考える

見る数字は、昨日の売上／今日の予算／セット率（お客様の購入点数÷客数）／客単価（売上÷客数）。

理由とは、ビル内でのイベントがあったので多かった、天気が悪かったので少なかったなど。

③目標の数字とのギャップをどうやって埋めるか

④自分が知らないところで顧客が来店したか確認する

⑤今日やるべき作業があるか確認する

「①自分からあいさつする」は、「自分から」することに意味があります。自分から声を出すことで「声をかける」ことの練習をします。

お客様へのファーストアプローチ前の練習ととらえて、積極的に声を出していきましょう。

そして、「②数字の確認とその理由」が分かれば、店や自分の現状を把握することができます。

これがわかると、目標が立てやすくなります。

例えば、セット率を見ると、目標ではひとりに2点ずつ購入してもらう目標だったのに、実際にはふたりにひとりにしか、2点購入してもらえなかったということがわかります。

全員に2点購入してもらうには、自分のどのスキルを磨くのか。

商品提案なのか、組み合わせなのか、最後のひと押しなのか。

具体的な目標を立てるために数字は目安になるのです。

これが「③目標の数字とのギャップをどう埋めるか」につながります。

また、④、⑤のチェックは、今日の仕事の時間配分のためです。

「④顧客が来店したか確認する」のは、お礼の手紙を出すためで、手紙を作る時間が必要になるので、あらかじめチェックしておきましょう。

「⑤今日やるべき作業があるか確認する」は、返品作業や倉庫整理など、売場で接客ができない時間がどのくらいあるかを把握しておきます。

残り時間でどのくらい接客できるかを計算し、1時間あたりどのくらいの予算か確認しておきましょう。

つまり、ざっくりと数字で今日の目標を割り出し、時間も配分する。

これを朝の日課にすれば、その日一日のいいスタートが切れます。

売上達成は「週」が要

販売員にとって一番気になることは、「予算を達成できるか」どうかです。
しかし、売上はその人の接客スキルだけではなく、その日の天候やアクシデント、商品の入荷数などさまざまな原因によって変わります。

よく、毎日同じ予算を達成することを目標としている人やお店がありますが、先ほどのような理由で、無理があります。

まず覚えておきたいのが、一日一日の売上達成だけを目標にするのではなく、週と月の両方の単位でも売上の計画を立てることです。

「一日の予算の達成」は基本にしましょう。
「一日の予算の達成」とはその日、どんな商品を何枚売るか、何をセットにしたら客単価はいくらになるかを計算し、その目標にしたがって日々接客をすることです。

しかし、毎日の予算を均等に日割り計算してしまうのは問題です。
例えば順調に予算が取れていて「今月はこのまま予算達成できる」と思っていたの

に、雪でパッタリとお客様が途絶えてしまったり、入荷遅延で人気商品の入荷がなかったり、アクシデントは必ず起こります。そうなれば予算の取り返しがつかなくなってしまいます。

このようなケースを防ぐ方法があります。

それは、「週」を大切にすること。

まずは起こる可能性があることを予測しながら予算を立てることが大切です。

その週ごとに細かく軌道修正をして考えていくと、予算を落とすことはそんなにありません。

そのためには、事前にわかることを調べておくことです。

最初にチェックすべきなのは**天候です。**

「来週は雨の予報だったから、今週のうちに前倒ししておこう」というように売上の目標を立てます。

そして、入荷する商品がどのくらいあるのか、館でのイベントはあるのかなどもチエックしましょう。

「今日はサッカーの試合があるし、どうしてもお店に人が来そうにない。来週の半ばは気温があがるし、そこで売上を取り返せるように予算を修正してみよう」

など、次の週のどこで金額を取るかの予想でもＯＫです。

どのお店でも、最終的にその月の予算達成率で評価をされるものです。週でコントロールをする、と覚えておくと、予算が立てやすく、反省点が洗い出しやすくなるでしょう。

売上を、その日その日だけで考えるのは、接客スキル以外の要因に左右されやすく、十分な計画とはいえません。

予算が無茶に高いときの達成のしかた

「去年のこの時期に催事《さいじ》をしていた」
「新店としてオープンしている」
といった理由で、到底達成できそうにない高い目標売上がついてしまう場合があります。

私が配属された店舗には、前年にカリスマ的な売上を誇る販売員がいました。社内一の圧倒的な売上で店の予算を軽々とクリアしていたのですが、彼女が異動してしまい、高くなったままの予算を、残ったスタッフで取るはめになりました。店の予算をスタッフで割り振ると、いつもの売上の2倍以上になってしまいます。「どうせ無理だよね……」と私たちはすっかりやる気をなくしてしまい、しばらく予算に対して達成率50%といった低空飛行が続いてしまいました。

このように、予算が高いと「頑張っても仕方がない」とお店全体が諦めてしまうこともあるでしょう。

しかし、いきなり高い予算がついてしまっても、目標が達成できるようになる考え方があります。

そのために必要なことは、何よりも現状把握。

自分の現状の売上はもちろんのこと、「予算」「その日の目標」など、いくつかの「数」を知ることが売上達成の足掛かりとなります。


予算達成率50%がしばらく続いたある日、エリアマネージャーがやってきて「いいかげん、売上を伸ばさないと」と言われました。

しかし、最初から無理だと決めつけている私たちは消極的。

これはまずいぞと気づいたエリアマネージャーはスタッフを集めました。

スタッフたちに紙とペンを用意させ、マネージャーはいくつかの質問を投げかけました。

「今、自分たちの売上・セット率・客単価はどれくらい？」

「顧客様はどれくらいいる？」

「ファーストアプローチをして、どのくらいの人が話を聞いてくれる？」

それに対し、私たちは次々に答えを書いていきました。

書いていると、意外と答えが出てこないことに驚かされます。

「あれ？　売上はわかるけど、平均のセット率ってどのくらいだっけ？」

「顧客様？　何人だっけ？」


つまり、私たちは現状について何も把握できていなかったのです。

続けて、マネージャーは、

「予算に対して、売上はいくら足りていない？」

「足りていない予算に対して、自分たちができることは何だと思う？」

というように、私たちへ質問しました。


「月予算まで60万円だったから、1ヶ月で割ると1日あたり2万円か」

「2万円だったら、1日にあと2着売れば予算達成していたのか」

「あれ？　意外とがんばれたのかも」

と気づき、スタッフ全員びっくりしました。

そして「予算、取れるかも?」とやる気がむくむくと湧いてきたのです。

その後、ひとりあと一日2万円取るにはどうしたらいいかをスタッフ同士でディスカッションしあい、ロールプレイングの内容や朝礼で確認することを決めました。

高い予算を目の当たりにすると、どうしても「取れないなら、頑張っても仕方ない」と諦めてしまいがちです。

しかし、現状を把握することができれば、「今何をすればいいか」がわかります。目の前に道を作ることができれば、達成が見えてきます。

大きな目標は細かく具体的にして考えてみましょう。

そうすると、いきなりではなくても少しずつ状況が改善していくはずです。

「数」は何よりも目安になります。

数を知ることができれば、今置かれている状況を客観的に知り、目の前のやるべきことを具体的に示してくれます。

販売員の守秘義務

まず、ＤＭを作成する際は名簿を売場から持ち出さない。売上管理表をカフェなどで計算する際は、隣に人がいる時はテーブルには広げない。情報を扱うときは、危機意識を持ちましょう。

もしデータが流出した場合、会社全体で責任を取ることになり、大きな問題に発展しかねません。

販売員は多くのお客様やお店のデータを保有している分、誰よりも「秘密」について敏感になっていたい職業です。

また、もうひとつ気をつけるべきことがあります。

たとえば仕事が終わって、先輩と一緒に乗り込む電車。営業中はなかなか話せなかった先輩とも「今日はいろんなことがありました」と、話すチャンスです。しかし、電車は公共の場。

誰が聞いているかわからない場所であることは、忘れずにいたいものです。

私が新入社員だった時、先輩と同じ電車に乗って帰路についていました。大変仲がよかったので話も盛り上がります。その日は本社への悪口を散々話していました。

しばらくたったある日、顧客様が閉店ぎりぎりで来店しました。まもなく営業時間を終えるところでしたが、私は気にせず、いつも通り服をコーディネートしながら、世間話をしていました。

しかし、顧客様は自分の腕時計をちらちら見ています。

「大丈夫ですよ、お客様のお時間さえよろしければ時間は気になさらなくても」

と伝えると、

「ねえ、残業代出てないんでしょ？　ごめんね、こんな閉店ギリギリに来て」

と言います。それは私が電車で先輩と話していたこと。かなり焦りました。

「この間電車で話してるの見かけたの。話が盛り上がっていたから声をかけなかったんだけど、聞いちゃっててごめんね」

と顧客様は言います。お客様に全部聞かれてしまっていたことに、顔から火が出るように恥ずかしい思いをしたのでした。

ツイッターやフェイスブックなどのＳＮＳはもちろん、電車の中や居酒屋など、さまざまなところに目はあります。地域密着型の店舗などでは、お客様と交通機関が一緒になる場合もあるので注意したいところです。

後ろで手を組まなくなったら売上が１２０％になる

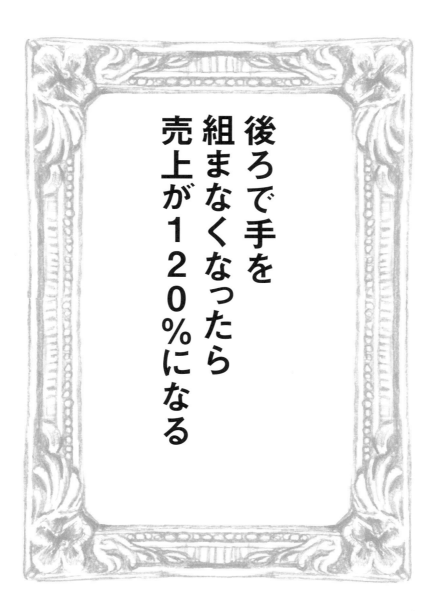

あることをやめたら、売上が120％になったという話があります。

それは、体の後ろで手を組むというしぐさ。

実はこれ、多くのお客様が不快に思うポーズです。

ふんぞり返って見え、「販売員っぽくて壁を感じる」「横柄な印象に見える」と感じるようです。

ですので、体の後ろで手を組むのはやめましょう。代わりに、前で手を握ってください。こうすると、ややお客様のほうへ身体を傾けることになります。

身体が前傾姿勢になり、お客様に興味を持っていることのジェスチャーになります。

そのため、お客様は自分のことが話しやすくなります。

このように、販売員の姿勢はお客様が販売員へ持つイメージに直結します。

「自分に興味を持って話を聞いてくれているか」

「この人の話は信頼できるか」

姿勢は、これらを表すのです。


基本として、必ず手は前で握ってください。

お客様を怖がらずに
すむには
自分に興味があること

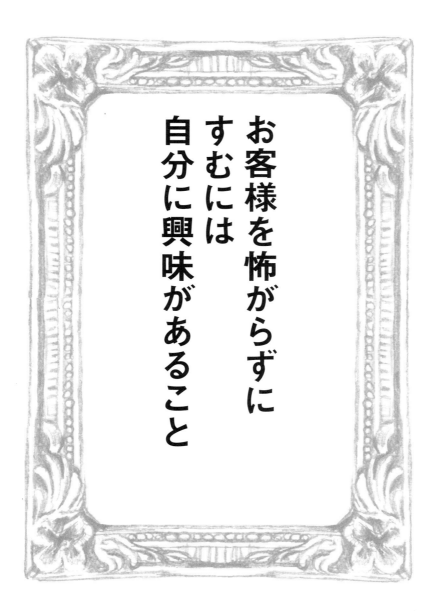

ある企業で行った新入社員のフォローアップ研修後のことです。

ひとりのスタッフから「辞めたいと思っているんです」と言われてしまいました。

彼女は3ヶ月前の新人研修では誰よりも生き生きとしていたのに、です。


事情を聞いてみると、彼女は「お客様が怖い」と言います。

彼女は、最初は接客が楽しくて仕方がなかったそうです。

しかし、ある日お客様から「しつこい」「迷惑」と言われ、その日から、普段通りの接客ができなくなってしまいました。

それからというもの、接客をしても売れず、店長からの風当たりも強くなってしまいました。そして「私は接客に向いていない」と思い始めたそうです。


こういうことが起こったら、「怖い」と思うのは当たり前です。

しかし、引きずるのには理由があるものです。

他人がすべて怖くなる理由は、「自分に自信がなくなった」からです。

初対面の人とすぐつき合える人の特徴は、自分にも興味があることです。

初めての人に、「すごいな」「素敵だな」「どうしたんだろう」と感情が湧き上がる人は、しっかりと自分にも興味を持ち、自分を基準にして比較できるからと言えます。

逆に、初対面の人に高圧的な態度を取ってしまったり、怖かったり、まったく関心のない人は自分には興味のない人だと言えます。

私の先輩が、お客様からかなり辛辣《しんらつ》に「接客はいりません、しつこいわ」と言われたことがあります。

見ていた私は縮み上がりました。しかし、先輩は飄々《ひょうひょう》として、

「ああいう風に言うお客様って、『接客』自体が嫌なもの、っていう先入観があるのよ。でも、私は相手がどんなお客様でも変身させられると思うから、外見観察をずっとしてチャンスをうかがってるんだ」

なんとその先輩は、似たようなお客様を顧客にしてしまったこともあったくらいの、「怖いお客様」へ興味津々だったのです。

お客様を怖がらなくすむためには、一にも二にも自分への興味です。

それが何よりも「怖い」と感じたときの特効薬です。

今、本当にやりたいこと
だけを目標にする

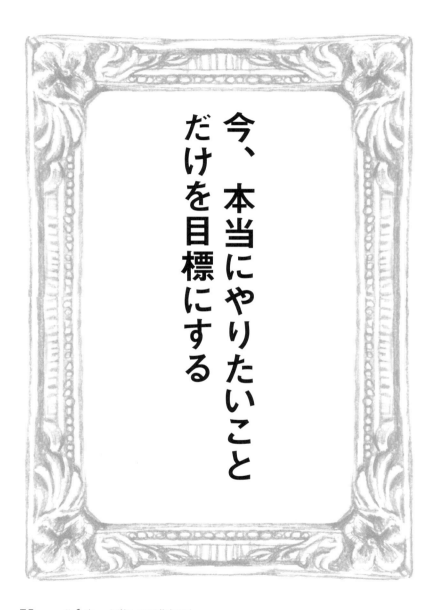

上司とのミーティングの時に聞かれる「10年後はどうなっていたい？」という言葉。

「そんなに先のことなんて考えられないよ」

と言う声が聞こえてきそうです。実は私も、それでいいと思います。

そもそも、大きな目標は必要なのでしょうか。


エリアマネージャーで優秀な成績をあげている友人の話です。

最近スタッフに、

「将来の夢は何？」

と聞くと、思いつかない人が多いので、

「じゃあ、今何ができるようになりたい？」

と聞くようにしたそうです。

そうすると、

「ファーストアプローチがうまくなりたいです」

「顧客を作りたいです」

というように出てきます。

そうして、スタッフたちは達成可能な目標を少しずつ達成し、売れる販売員になっていきました。

もし「目標は何?」と聞かれたら、無理して大きなことを言う必要はありません。必ずしも「店長になりたいです」「社内で一番になりたいです」といった言葉が正しいわけではありません。

目標は、本心でなければ、実現しません。

ぜひ、小さくても今本当にやりたいことを、ちょっとずつできるように積み重ねていきましょう。

その積み重ねが、仕事を楽しくしたり、自信をつけたりすることにつながります。

販売員の仕事をこれからも充実したものにしていくなら、等身大の自分を大切にしましょう。

ひどいお客様に会ってしまったら

大変なお客様に会ってしまったらどうしますか？

こういう言い方はなるべく避けたいのですが、販売員をしていると、時に「ひどい」お客様に出会うことがあります。

声をかけても無視、時には「しつこい」と頭ごなしに叱責されることもあるでしょう。商品を投げるように戻し、壊れても何も言わず出て行くお客様もいます。

そんなお客様に遭遇したら、どのように考えたらよいのでしょうか。そんな場合は、「それは、その人のほんの一部」と考えましょう。皆さんが販売員として見せる姿も、自分の一部分だけですよね。

お客様だってそうやっている姿がその人の全部というわけではないのです。

だから「ひどい」と思うお客様に嫌悪感を示して、ぎくしゃくと接客するよりも「感じの悪いのはほんの一部」と思って近づいたほうが接客がしやすくなります。

ひどいお客様が去ったあとは、「良い面が見られなくて残念だった」くらいに思っておきましょう。すべてのお客様がいい人であることは、残念ながらありません。

第2章

商品説明ができるようになる

商品知識って何を覚えるの？

これまでに何度か、「商品説明ができるようになるのが、販売員としていちばん大切なこと」とお伝えしました。この章では、より詳しく、販売員としてプロの商品説明ができるようになるにはどうすればいいかを解説したいと思います。

36ページの表で解説した通り、商品説明は流れとしては4番目です。しかし、何よりも大切なことなので、この第2章で先にご説明します。

そもそも、商品知識とは、まず何を覚えればいいのでしょうか?

最初に取り組んでほしいのは、「自分が売る商品を使ってみること」です。

なぜなら、実際その商品を使ったらどうなるかを、お客様は最も知りたがっているからです。

まず、商品が入荷されたら、とにかく使ってみましょう。

服ならば着てみる、ソファなら座ってみる、メイクなら肌にのせてみる、です。

大切なのは、その商品を使ってみた時に自分が何を感じたかです。

「着てみると、意外とゆったりしている」

「見た目よりも座ると固い」

「肌にのせると自然な色合いになる」

といったもの。

これだけで、接客トークに信頼感が出ます。

「この人は、この商品のことをよく知っているんだな」と必ず思われます。

使う時には、

「お客様に伝える時に、どんなネタがありそうかな？」

と思いながら使いましょう。

意識してみるのとみないのでは、接客で思い出せる量が圧倒的に違います。

感じたことはノートに書き込んだり、携帯電話にメモをしておくといいでしょう。

他にも、

「その商品の流行はいつまでか」

「サイズ感はどうか」

「何と合わせると、どのような悩みを解消できるのか」

「洗濯などのお手入れ方法」

「その値段なのはなぜなのか」

「他のショップと比べて何が違うのか」

を考えながら試してください。


しかし、商品ひとつひとつに、これらの商品知識を蓄えるのはとても大変です。順番として、お客様におすすめすることが多い商品や、手に取ることが多い商品から商品知識を得ていくとよいでしょう。

特に定番商品で知識を蓄えておくと、おすすめしやすい「自分の得意アイテム」という武器ができます。

お客様に最終的な結論を出していただくためには、こちらの知識が必要不可欠です。そのための商品知識だと心得、商品知識のインプットを行っていきたいものです。

商品を丁寧に扱うことは、
行動で良さを
アピールすること

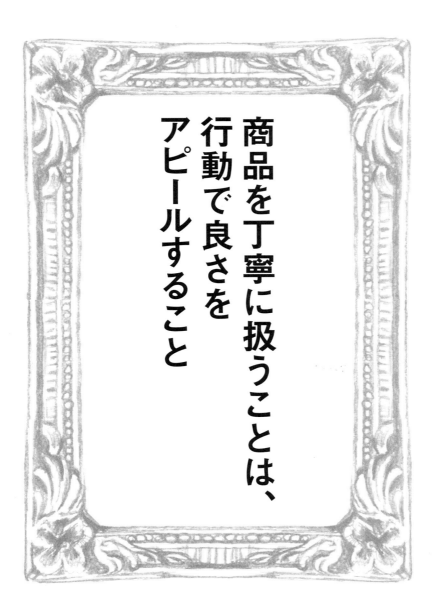

商品を丁寧に扱うのはなぜでしょうか？　もちろん商品に、傷や汚れをつけないように、ですね。

しかし、それがいちばんの理由ではありません。

実は、商品の扱い方に、お客様はその販売員の「本音」を見てしまいます。

Tシャツが1枚1000円程度の、低単価なアパレルショップにいた時の話です。商品が安いので、お店の在庫が非常に多く、いつの間にかスタッフ全員が商品を雑に扱っていました。

ある時スタッフが、接客中に置き場所がなく、商品同士を積み上げてスペースを作りました。どさどさと、乱雑に商品を寄せています。

これでは、いくら口先で、

「安くても、うちの商品は良い商品です」

と言っても、信憑性《しんぴょうせい》を欠いた接客になってしまいます。

本当に大切だと思ったり、良い商品だと思うなら、自然と扱いも丁寧になるはずで、お客様もそのことを敏感に感じ取ります。

反対に、100円均一ショップに行った時のことです。S字フックの場所を聞いた時、お店のスタッフは近くまで案内してくれました。最後に両手で差し出し、「こちらがお探しの商品です」と渡してくれたのです。

丁寧に商品を扱う姿に、

「安い商品でも、大事に扱っているんだな」

と価値を感じたことを覚えています。

値段にかかわらず、これから自分が買う商品を丁寧に渡してもらえれば悪い気はしないでしょう。

ユニクロや無印良品で、低価格の商品をズレなくきれいにたたんで配置しているのは、

「安くても上質」

「安くても丁寧に扱っています」

ということを陳列でアピールするためです。

丁寧に扱い、行動で商品に付加価値をつけていきましょう。

サイズアドバイスができるようになると信頼感が増す

サイズアドバイスも大切な商品説明です。

しかも、サイズアドバイスができることは、直接「信頼感」につながります。


あるセルフ販売の店に行って、試着室を担当した時のことです。

私から声をかけているわけではないのに、試着室から出てきたお客様に口々に、

「このサイズで大丈夫ですか？」

と言われて驚いたことがありました。

しかも、中途半端な答えは許されませんでした。

「でもここの肩が大きくみえませんか？」

など鋭く尋ねてくる方がたくさんいたからです。

改めて「サイズを知りたい人が大勢いる」ということを痛感しました。


また、販売員ではない友人には「販売員は買わせようとするから、サイズが合ってなくてもすすめてくる」とよく言われます。

正しいサイズアドバイスができる販売員は得点が高いと言えます。

トップスのサイズ選びの基本は、肩と裾です。

・肩は、腕との境にある骨と、袖部分の切り替え線を見る。
外側にずれればだらしなく見え、内側にずれれば太って見える。
0・5センチの誤差までを「サイズが合っている」と判断する。

・裾は、腰骨に掛かる程度のものが定番。
ボトムスに入れて着たい場合は、それよりも指3本分くらい長くてもOK。

パンツはお尻と太もも優先で選びます。

・基準はお尻に合わせる。
ウエストはゆるいけど、お尻はぴったり、という時はお尻が優先。
ただしウエストに拳がまるまる入るような余裕がある場合は、違う商品をすすめる。

・裾は靴を履いて、後ろがかかとにかかるくらいが基本。
普段履いている靴によって、ヒールカットする長さが変わるので、「普段の靴も、このくらいのヒールですか？」と伺うことを忘れないようにする。

サイズが違った場合は、勇気を出して、必ず、
「サイズが違うのでやめておきましょう」
と言ってください。

サイズが違うものをおすすめしてしまうと、家に帰ってお客様は必ずがっかりします。そして、二度と来店してくれません。

きちんとサイズを案内できたことが、信頼につながり、その後のリピートにつながります。

特にプロの知識でサイズを選んでくれる店は意外と少ないので、お店のウリにもなります。

接客では「見てわかることは言わない」

「接客って意味があるの？」

と言われることがあります。

きっとこう言う人は、意味のない商品説明を受けたことがある人でしょう。

「意味のない商品説明」とは以下のようなものです。

あるバッグを説明したとします。

「こちらには前にポケットがついていていて便利ですし、こちらは色がきれいです」

と言うようなものです。

この接客では、お客様も、

「前にポケットがついてたり、色がきれいだったりするのは見たらわかる」

と思いますよね。

これらは、注目度が低く、日頃からトークなれしていない商品の場合に起こるかもしれません。

右の例の場合だと、

「大きなカバンだと、リップや鍵ってどこに入れたかわからなくなりますね。ポケットがあるといちいち探さなくていいので便利です」

「色がきれいなので、落ち着いた色の服に合わせて、ワンポイントで使ってください。お客様にお似合いの、華やかなのに大人っぽい雰囲気になります」

などが正解です。


そもそも、お客様が知りたい情報とはなんなのでしょうか。

それは、先ほどもお伝えしたような、
などの販売員にしか知らないことや、

「使ってみるとどうなるか」

「お客様には○○という理由で似合う」

などです。

着た時の印象や着心地、使い続けたらどうなるか、お客様に合わせた提案をするからこそ、

「販売員ってすごいな」

と思っていただけます。

あなたの商品説明も、売り物なのです。


友人と、メガネ店に立ち寄った時のことです。

友人が、2つのメガネでどちらにしようか迷っている時、販売員に声をかけられました。

販売員は、

「こちらのほうがフレームが優しい茶色ですよね。お客様は目の色素が薄いので、こちらの黒いフレームだと顔からメガネだけ浮いてみえるかもしれません」

と教えてくれました。

こういったメガネ店だったら立ち寄ってみたいですよね。


そのためには、日頃から商品の知識を深めておく必要があります。

だからこそ、一にも二にも、自分の売る商品を使ってみることです。

「自分で選びたい派」か「自分で選ぶのが不安派」かを見極める

実は、お客様は「自分で選びたい派」と「自分で選ぶのが不安派」という2タイプに分かれます。

まずは接客をはじめる時に、どちらなのかを見極めましょう。

トークの種類が全然違うので、それに応じて接客をするのが効率的だからです。

「自分で選びたい派」と「自分で選ぶのが不安派」の違い。それは「この商品の使い道が明確に決まっているかどうか」です。

接客の際、これを目安にざっくりお客様を2つに分けましょう。

ある店では、ファッションビル館内で働く別のお店のスタッフも頻繁に来店します。

同業の、明確な「自分で選びたい派」です。

そのような人たちに、

「この商品、何と合わせますか？」

と聞くと、

「この間買ったパンツに合わせたい」

など、具体的にどうするかすでに決まっています。

「ほしい・ほしくない」がはっきりしているので、買うか買わないかの判断も早い傾向があります。

また、商品説明の時に、

「これはあまり好きじゃない」

と言ったり、表情や間でわかりやすい反応があったりします。


これらに効くトークは、「メリット」を並べるトーク。

「着心地が良いです」

「○○に合わせやすいです」

といったものです。

これらの「メリット」を並べるトークは、今までお伝えした「ひとつの商品に3ついいところを言えるようにする」「商品の使用感を知っておく」をそのまま使うと効きます。

ある意味、とてもシンプルで簡単な接客トークが通用するお客様たちです。

一方で、気にするべきは「自分で選ぶのが不安派」のお客様です。

なぜなら、こちらのお客様のほうが圧倒的に数が多いからです。

そして、接客次第で顧客になってくれる確率もとても高いからです。


「自分で選ぶのが不安派」の方々の特徴は、まず販売員に対して言葉が少ないことです。

そして、「この服を何に合わせますか？」などというオープンクエスチョンが苦手です。商品を提案した時も「好きなのか、好きじゃないのか」は口に出さず、曖昧な態度になりがちです。


これらのお客様には、「自分で選びたい派」のお客様のような「メリット」トークは効きません。

ここまで用意しておいた商品知識を、少しひねって使うことが必要です。

次ページから見ていきましょう。

常日頃から、お客様の悩みに敏感になる

「着心地が良いです」という前の項目のようなメリットトークをそのまま「自分で選ぶのが不安派」に言ってしまうと、「想像がつきにくいから良くわからない」「自分には使えないかも」と思われてしまいます。

では、どのようなことを言えばいいのでしょうか？

ある美容部員に、典型的な「自分で選ぶのが不安派」の友人が接客されたときの話です。

「このチークは雑誌に掲載されて、とても人気のある色なんです。馴染みがよいですよ」

と言われました。

しかし、友人はピンとこなかったようです。

なぜなら、彼女の望みは「最近『顔色悪い』とみんなに言われるので、血色がよく見えるチークがほしい」という一点だけだったからです。

友人はその後、別の化粧品売り場でチークを購入しました。

その時に聞いた接客トークは、

「こちらのチークでしたら、血色をよく見せるのに最適です。多めにのせてもナチュラルで、厚化粧に思われませんよ」

というものでした。

友人はついこの間、自分で鏡を見ながら、

「今日はチーク塗りすぎちゃった」

と思ったばかりでした。

接客トークを聞いて、忘れていたことまで思い出し、購入に至ったのでした。

「自分で選ぶのが不安派」に効くのは、「その商品を買うことで、どんな悩みが解決するか」ということです。

聞きたいのは、メリットではなく、「悩みが解決するかどうか」。

例えば、

「その服を買うことで、二の腕をほっそり見せられる」

「このインテリアコーディネートなら、おしゃれなお客様を家に招いても恥ずかしくない」

といったものがあげられるでしょう。

ぜひ、常日頃から、

「お客様は何に悩んでいるんだろう?」

ということを考えましょう。

もしその悩みを解決するためにお店に来ていなくても、例のようにトークで言われたら、常日ごろの悩みを思い出して購入の決め手になることも多いです。ファッションやメイク、自分のお店が扱っているものなどの、ジャンルを特定した悩みは比較的共通しているからです。

自分が商品を使う時に「あ、これ困るな」などと思うことを集めておくとトーク時に使えます。

また、これができるようになると、お客様に「共感」できるので、信頼感も深まるでしょう。

商品資料は、そのまま使ってもゴミ

商品部から新商品の説明が書かれている資料が送られてくることがありますね。

作ったデザイナーの意図など、他のお店とは違う、そのブランドのオリジナルの強みがたくさん載っているので、これらは商品説明の大きな武器になります。

しかし、「そんなこと言われても、実際これ使えないよ」という人もいるかもしれません。

おっしゃる通り、この資料はそのままでは使えません。

あるアパレルメーカーの資料には、

「○○という素材は独自に開発したもの」

「某有名ブランドと同じ工場、同じ場所で製造している」

などとメリットが書かれていました。

送られてきた資料を参考に、スタッフが一生懸命にお客様に伝えました。

しかし、「○○という素材は独自に開発したものです」と伝えても、まるで響かず、お客様からは「だからなに？」と言う空気が流れることも多いようです。

こうして、本部が用意してくれた資料は、ゴミになってしまいます。

なぜなら、本部が用意した資料には、さまざまなお客様に対応できるように広く客観的なことしか書いていないからです。

これを少し変えてお客様に伝えると、大きな武器になります。

例えば、前の例のものは、

「こちらの商品は、パンツの形がきれいなことで有名な、◯◯というブランドと同じ工場で作られています。びっくりするくらい脚が長く見えるので、お客様もお試しください」

というように変えます。

つまり、目の前のお客様へ、直接のメリットを言うのです。

こうすることで、お客様は「自分ごと」にとらえられます。

◯◯という独自開発の素材を使っているならば、

「◯◯という、当社で独自に作ったすぐ乾く素材です。暑い時期にお子さんと外で遊んで汗をかいても、すぐに乾きます」

他にはない色なら、

「人とかぶらない、ひとりだけのオリジナルの色です」

など、資料を切り口にして、目の前のお客様に、具体的な効果をお伝えしてください。

つまり、お客様が「なるほど」と、頭に思い浮かべることができるように、言い換えることを心がけましょう。

資料をそのまま読んでしまうと、それは目の前のお客様にではなく、不特定多数の誰かわからない人に向かって発信された言葉になってしまいます。

自分には身近に感じられない言葉を並べられても、お客様はしらけるだけ。

自分ごとになる言葉を選べば、たちまち魔法の言葉になるでしょう。

世界観をきちんと伝えられれば、必ずリピーターになる

接客では、そのお客様が顧客となってリピートしてくれる可能性が高い言葉があります。

それは、「そのブランドの世界観」です。

世界観とは、ブランドの商品全体に共通するコンセプトのこと。

ブランドのホームページで目立つように書かれています。

・流行に左右されない良質のライフウエア（ユニクロ）
・生活の「基本」と「普遍」を目指し続ける（無印良品）
・何気ない毎日を「楽しい生活」に。ファッション性の高いインテリア雑貨を揃えます（フランフラン）
・古い価値観にとらわれない女性（シャネル）

など、どんなブランドにも必ずあります。

これらに魅力を感じるから、お客様は品物を購入するのです。

商品部から送られてくる資料にも、ブランドのテーマや世界観が書かれていますね。

さて、これを一体どう接客中に伝えればいいでしょうか。

これをそのままお客様に言ってしまったら、かなり不自然になりますよね。

「こちらは、『流行に左右されないライフウエア』です」

などと伝えるのは、唐突すぎて、きっとしらけた雰囲気が漂うでしょう。

それよりは、サイズやデザイン、着心地などのトークをして、接客をしたほうがいいと感じられるかもしれません。

しかし、世界観はどうしても伝えてほしいと思います。なぜなら、決定的に他の店や商品と差別化することができるからです。

「いま接客を受けている商品は本当に良い商品なんだなあ」と思ってもらえれば、たとえ金額が高くても、その価値にお金を払ってくれます。

他店に似たような商品があった場合でも、値段に関係なく、自分のところのブランドを買ってくれる確率も高くなります。

では、さっそく次のページから、お客様に世界観を伝える方法をお伝えしていきましょう。

世界観は お客様の「自分ごと」 になるように話す

「ブランドの世界観を自然に伝える」ポイントは、商品資料のところでもお伝えした「お客様の自分ごと」として話すようにするのと同じです。

自分のブランドの世界観を、目の前のお客様に合わせて話すことを目指しましょう。

あるタオル専門店では、商品の世界観を伝えることを徹底していました。

単価が高いので、商品の良さをいかに伝えられるかが売上の鍵を握っていたのです。

その専門店の世界観は、

「品質への強いこだわりがあり、本物志向のお客様に必ず満足してもらえる」

です。

しかし、お客様からはあまり反応がありません。

「うちは、素材にこだわりのあるブランドです。満足していただけると思います」

と接客しても、お客様も、

「へえ、そうですね」

くらいしか反応がありませんでした。

このように、ブランドの世界観を伝えているつもりでもお客様にとっては「へえ」としか言いようがないことがあります。

これを、必ずお客様に合わせて「自分の言葉」で伝えましょう。

例えば、先述のタオル専門店でなら、ベビーカーを押したお客様に、

「赤ちゃんの繊細な肌にも傷がつかないくらいの滑らかさが、このブランドの持ち味です」

と説明したそうです。

するとお客様は、

「どれもこんなに柔らかいんですか？」

と興味を持った様子でした。

そして、それ以来、自分のタオル以外にも、出産祝いにはそのブランドをプレゼントとして購入してくださるリピーターとなったそうです。

お客様に世界観を伝える時には、

「お客様にとって◯◯なところが、この△△なブランドの持ち味（よいところ）です」

と伝えます。

先ほどの例なら、ママが実感しやすいような話をすることで、お客様がぐっと引き込まれました。

このような話し方をすれば、

「○○な商品がほしい時は、いつでもこのブランドで買おう」

というイメージを持ってもらえます。

これが、世界観を伝えることで売上があがる仕組みです。

他にも、

「このシャツは形がオーソドックスで古くなりません。この値段でこの品質のものを出せるところが、うちのブランドのいいところです」

「引っ越しが多い人が使っても、どの家にもなじむテーブルです」

「お風呂マットは買い替えが必要だから遊びたいですよね。うちは流行をおさえていて、安いけれど、安っぽくは見えない商品です」

あなたのブランドのいいところは、お客様の生活にどう影響を与えますか？

ぜひ、さまざまなお客様の顔を思い浮かべて、いろいろ考えてみましょう。

世界観を言う時は「会話の中」で

ここでもうひとつ大切な、世界観を伝える時のタイミングの話をしていきましょう。世界観がぐっと伝わる、より効果的なタイミングがあります。

その前に、避けたほうがいいタイミングをまず説明します。

それは、ファーストアプローチの時です。

あるお客様が靴を見ていた時、私はファーストアプローチで、

「横からみた時に、足がすらっと長く見えませんか？　うちの靴は、横から見た時にきれいに見えるように作られているブランドなんですよ」

と声をかけました。

お客様は一瞬何を言われたのかわからない、と言った様子でした。

これは当然で、お客様が商品を手に取ってヒールを見ながら、

「脚が痛くならないかな？」

などと考えていたところ、

「横から見た姿がきれいなブランドです」

と急に話しかけられたからです。これでは一瞬何のことを話しているのかわかりま

せん。

世界観を言うのはファーストアプローチ以外の時。話の流れで言うのがおすすめです。

別の日に接客をした時のことです。先日はファーストアプローチで失敗したので、今度は話の流れで伝えることにしました。

お客様を接客し、鏡の前で靴を試してもらってから、

「ぜひ横を向いてみてください。このブランドの靴は横から見た姿がものすごく美しいことが持ち味なんです」

と伝えました。

お客様は横から自分の脚を見ながら、

「確かに、すごくきれいに見えますね」

とおっしゃり、私の言葉がきちんと届いたのです。

このように、世界観はきちんと届けば、お客様にとってとても有益な情報です。しっかりと会話の中に入れるのを目標にしてみましょう。

ただ、一方で、そんな話のきっかけはないけど、ぜひともお客様に伝えておきたい！ということもあるはずです。

そんな時は、突然でも大丈夫。

「これは、ぜひお客様にお伝えしておきたいのですが」と前置きを入れましょう。

「これは、ぜひお客様にお伝えしておきたいのですが……、このブランドの靴は長時間履いていても疲れないことが持ち味なんです」

といった感じです。

「これは、ぜひ」とつけ加えることで「絶対お客様に聞いてもらいたいメリットだ」ということを強調できます。

世界観が気に入るブランドが見つかると、お客様はずっとファンに、そしてリピーターになってくれます。お客様の顧客化を目指して、世界観を伝えていきましょう。

お客様を
「デザイン重視なのか」
「機能重視なのか」
にざっくり分ける

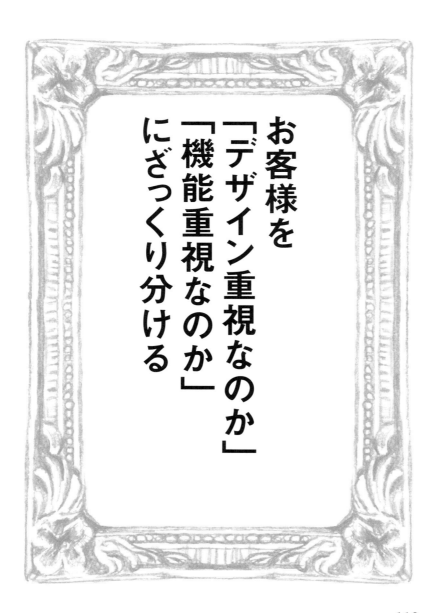

「この商品は、本当に可愛くて、こんなにいいデザインはめったにない」という商品が入ってきました。

あなたもそう思って接客しました。

この「最高に可愛い」商品を、一も二もなく購入される人がいます。

一方で、どんなにデザインがよくても、触り心地や便利さがないと購入しない人もいます。

お客様が商品を購入する時、何をいちばんに優先して買うのかがわかれば苦労しないのに……と思うことはありませんか？

人によって決め手が違いますが、これはその人の持つ五感のどれがいちばん優れているかによって変わってくるそうです。

五感とは、視覚、触覚、聴覚、嗅覚、味覚。

自分が得意な五感の情報が、いちばんにその人の脳に飛び込んでくるのです。

これを手がかりに、お客様がどこで判断するか知っておくと便利です。

特に、販売で押さえておきたいのは「視覚」「触覚」「聴覚」。

この項目では、まず「視覚」が強い人についてのお話をします。


視覚が強い人は「見ること」で理解するタイプ。

雑誌などの写真だけで、大体把握できる人です。

こういう人は、やはり見た目がいちばん重要で、自分の好きな色やデザインなど、とにかく見た目にこだわり、また人からどのように見られているかも気にします。

商品説明の中でも、

「ラインがきれい」

「細く見える」

など、どう見えるかがいちばん効きます。

だから、このような人には、まずは触り心地や便利さよりも、着た時の見た目を話しましょう。


例えば、あるインテリアショップで、視覚型のお客様のベッドの接客をすることになったとします。

そのベッドはスプリングの揺れが少なく、寝心地がよいことが特に売りの商品です。

しかし、このお客様には、

「寝心地がいい」

「揺れがない」

などは一切響かないようです。


視覚型の人には、この手のトークは効きません。

ここで諦めずに、「視覚メリット」のトークに切り替えてみましょう。

「普通のベッドより低く作っているので、部屋が広く見えるのが良い」

「配色が珍しいので、これだけで部屋がおしゃれに見える」

など、商品の見た目にもポイントがあるはずです。


視覚重視のお客様だと、部屋のイメージも頭の中に湧いてくるので、より購入の決め手になるでしょう。

視覚タイプには、雑誌を使っての接客もおすすめです。

現在の家具と一緒にそのベッドを並べるとどのような印象になるかなど、イメージをより膨らませるのに役に立つはずです。

例えば、洋服の視覚メリットでは、
「着ると、身長が高く見えます」
「明るい色なので、顔が明るく見えます」
「この一点を足すだけで今年らしい着こなしに見えます」
などと伝えると、ぱっと興味を示してくれます。

また、視覚が強いお客様は、一目惚れも多く、鏡に映った自分を念入りにチェックする傾向もあります。

チェックには、心ゆくまで時間をかけてもらいましょう。

閑散時間などに商品を手に取って、商品の説明を3つ考えましょうと言いましたが、ぜひ「視覚」、そしてこれから説明をする「触覚」「聴覚」をそれぞれひとつずつ、合わせて3つ考えておくといいでしょう。

触り心地が購入の決め手になる人もいる

ここからは、触り心地や着心地、つまり「機能性」が購入の決め手になる人に商品説明をする際のポイントについてご説明します。

こういうタイプは、前の項目でお伝えした「五感」のうちの「触覚」が優れている人です。

接客トークで「デザインの良さが響かないな」と思った場合、「触覚」タイプかもしれないと思ってください。

まず、このタイプには、肌に触れた時どのような感触になるかを口で説明できるようにするとよいでしょう。

触覚が強いお客様は、会話をしながら、

「柔らかい」
「軽い」
「ふわふわ」
「きつい」

など、触った時の感触を言葉に表す傾向があります。

また、商品を手渡すと触ったり、動かしたりして真っ先に感触を確かめようとします。

夏のある日、私が勤めていたアパレルショップにお客様が汗をかきながら来店しました。

とても暑い日でしたので、お客様は肌に張りついたTシャツを時折肌からひっぱって気持ち悪そうにしています。

また、会話中も、

「さらっとした素材がいいです」

「涼しく着れるものが好き」

など、感触を表す言葉の多いお客様でした。

このような触覚タイプのお客様には、**とにかく商品を触っていただくことです。手に取ってもらったり、試着してもらったりして、着心地のよさを実感していただ**

きましょう。


そして、デザインの話や着こなしの話よりも、

「それを使ったらどのような感触なのか」

「どのような気持ちになるか」

を話すとピンと来る傾向があるでしょう。

例えば、

「(夏に日よけのために着たカーディガンが) 肌にベタッと貼りつきません」

「繊維が肌にあたって、かゆくて集中できないのは嫌だなと思うことがなくなります」

といった感じです。


お客様のしぐさや言葉を見極めながら言葉を使い分けられればいいですね。

「じっと自分で考える時間がほしい」人は聴覚タイプ

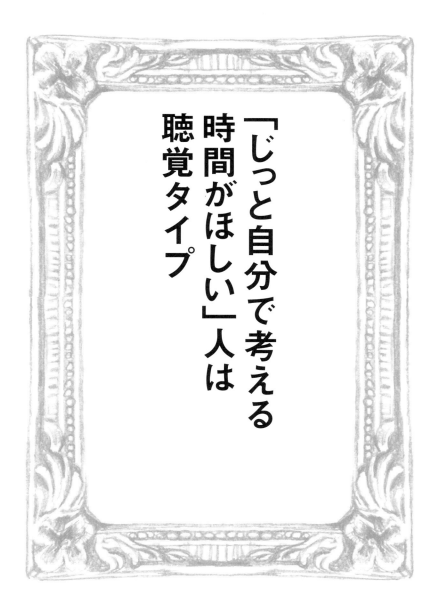

最後は「聴覚」タイプのお客様についてご説明します。

聴覚の鋭い人は、耳から聞こえたものについて敏感です。

そして、耳から聞こえたものだけでなく、自分の考えについても敏感で、考えたことを反芻していいます。

このタイプは文字を読むのも得意で、論理的に説明されるのをいちばん好みます。

自分がじっくり考えた上で、商品のことを理解しますので、商品を見ながら、じっと考えることが多いです。

まず商品を触る前にじっくり考える、触ってからもじっくり考えている様子なら、焦ってたたみかけて説明はせず、そっとしておき、考える時間を作りましょう。（詳しくは180ページ「シーンとなったらそっとすること」を参照）

このタイプのお客様が購入する決め手は、「自分がこの商品を買う理由に納得できたか」です。

接客トークも、耳から「自分が納得できる言葉」がどのくらい入ってくるかが決め手となるでしょう。

つまり、どのくらい具体的に説明できるかが勝負です。

友人と買い物に行った時の話です。

友人は典型的なじっくり考えるタイプ。その日もフライパンを手に取って、何か頭の中で考え事をしているようでした。

すると、販売員が、

「そちらは炒め物だけでなく、肉じゃがや大根の煮つけなど、煮物を煮るのにもおすすめです」

と伝えてきました。

そして、どのくらいの深さがあるかや、より具体的にどんなレシピができるかを説明し始めました。

料理している様子が想像できたのか、友人が反応しています。

その後、キッチンの様子や、今使っているフライパンの使い勝手はどうかなどを聞きながら接客を進めていきました。

販売員の説明は終始具体的で、

「フライパンの取手をつける時、カチッと音がしないとついたかどうか不安ですよね」

と、音なども交じえながら話しています。

販売員のこのようなアドバイスを参考に、友人はお気に入りのフライパンを選ぶことができたのでした。


こういったタイプには、実際自分がそれを使っている様子を、普段の場面でありありと想像できるようにするのがいちばん効果的です。


また、「擬音語」も効果的です。

この例でも、炒め物の場合は「じゅうじゅう」とつけたり、先ほどの「カチッと」などを出すことで一層想像をしやすくしています。

アパレル業界では、音と組み合わせるのは難しいですが、こういうタイプがいるということは覚えておいて損はありません。

このタイプは自分の頭のなかで考え結論を出します。ですので、相手から言われた言葉が聞き取れなかったり、考える環境が整っていなかったり（周りが騒がしいなど）、理由がなく納得できなかったりすると、答えを出すのが困難になります。

ゆっくり大きな声で伝わりやすく話し、なるべく具体的に筋道を立てながら会話をします。するとお客様の「なるほど」を引き出すことができるでしょう。

聴覚の鋭いタイプは音だけではなく、考えるということに対しても敏感です。お客様が落ち着いて考えられる環境や話し方を心がけるとよいでしょう。

お客様が悩んだ時は、スパッと結論を伝える

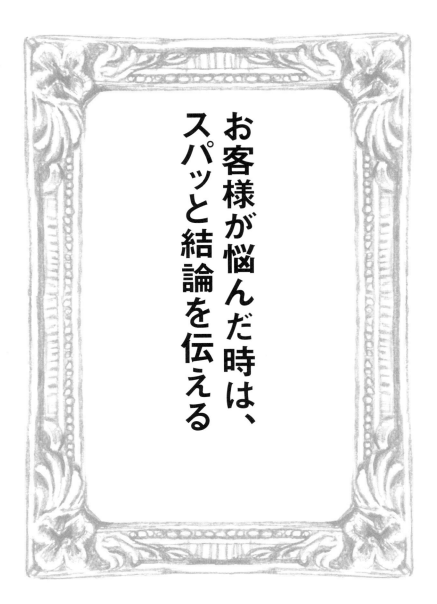

接客をしていると、お客様がどちらを買おうか迷い出すことがあります。

そんな時、販売員としてはどのように対応したらよいでしょうか。


結論から言えば、一緒に悩まないのがベストです。

なぜならば、お客様が悩まないように、適切なアドバイスを伝えるのが販売員だからです。


お客様と一緒に悩み寄り添うことが、販売員の役割であるという意見もあります。

もちろんそれにも一理ありますが、**販売員は仲良くするためにいるのではなく、第一に、良い買い物をしてもらうためにいます。**

そのことを忘れるべきではありません。


それでは、お客様が迷っている場合、どう納得してもらえばいいでしょうか。

私がヘッドホンを買おうとした時の話です。

同じくらいの値段で、見た目が素敵なデザインのものと、音がとびきりよいものと

2つのもので悩んでいました。

接客してくれたスタッフは、どちらもよいものですよねと言いながら一緒に悩んでいました。アドバイスも、両方のよいところを教えてくれます。

私はますます迷ってしまいました。

その時、たまたまその販売員が離れて、別のベテランのスタッフに接客を交代したのです。

そのスタッフは、

「ヘッドホンは外で聞くことが多いですか？」

「お洋服はヒールを履いたり女性らしいものが多いですか？」

などと聞いたあと、

「私は、こちらのデザイン性が高いほうがおすすめです。お客様は、デザインがいいほうが、使う機会が多いと思います」

と、一言スパッと言い切ったのです。

私はその理由に納得し、ヘッドホンを購入しました。

この例では、

「お客様はこちらのほうを使用しそうだ」

という根拠をしっかり確認した上で、

「それならばデザイン性が高いほうをとるべきだ」

と結論を伝えています。


ここで、もし根拠がなく結論だけだったとしたらどうでしょうか。

「こっちは売れていないのかな？　在庫があるのかな？」などとお客様は販売員を疑うかもしれません。しかし、**根拠を示した上で自分の意見を伝えてくれる販売員は頼もしいものです。**

自分がお客様と一緒に悩みそうになったら、お客様が一番解決したい悩みはなにかをまず、考えてみましょう。

それに向かって理由と結論が出たら、最適な商品説明ができるはずです。

スパッと言い切ることで、お客様が助かることもあるのです。

購入を迷っている人には、
必ず手に取って
試してもらう

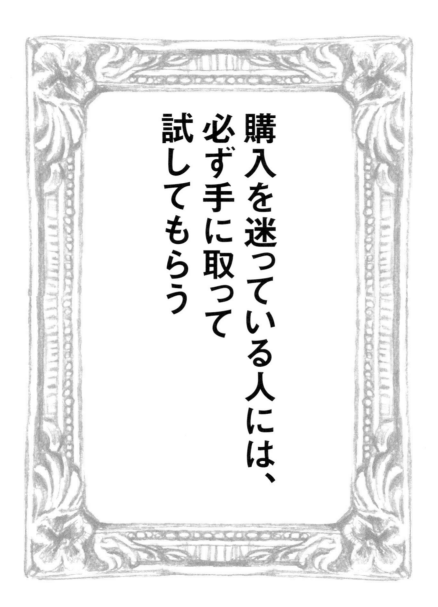

お客様が商品を買うか、買わないか最終の判断を迷っている時。

このような時にかける最後の言葉を「決め言葉」と言います。それによって購入が左右されるのは言うまでもありません。

決め言葉でよく言うのが「～だから、大丈夫」という言葉です。

「サイズがピッタリだから大丈夫」

「お手持ちのボトムに合うから大丈夫」

などが代表的です。皆さんも聞いたことがあるでしょう。

本当に満足のいく買い物にしてもらえる「決め言葉」にするために大切なこと。それは「そこにきちんとした実感があるか」ただひとつです。

印象的な場面で使う強い言葉なので、使い方を間違えれば、信頼感を失うことになります。

新入社員時代に、コートの接客をした時のことです。

お客様はデザインは非常に気に入っているものの、肩が大きく見えるのを心配していました。

そこで「今日は中に厚手のニットを着ていますからね。薄手にすれば大丈夫ですよ」と、なかば強引な決め言葉で買っていただいたことがありました。

後日、お客様がそのコートを返品に来ました。

「家に帰ってもう一度着てみたんですけど、やっぱり、肩が大きくて太って見えるから返品します」

と言われ、その後来店することはありませんでした。

口から出まかせを言ってしまったことを深く反省した一件でした。

「〜だから大丈夫」

この理由に、確かな裏づけがあれば本当の決め言葉になります。

しかし買ってもらいたいあまり、これらの言葉を出まかせで言ってしまうと、お客様は「買わせたい空気」を感じてしまうだけで、不信感につながります。

それでは、「本当の決め言葉」とは何でしょうか。

それは、お客様がその場で本当に納得することです。

先輩が靴の接客をしていました。

お客様が、

「この靴、ちょっと大きい気がする」

と言います。

そこで先輩は、

「中敷きを敷いてみたら、大丈夫かもしれません。今、試しに敷いてみましょうか」

と実際に試してもらいました。

お客様は履いて大丈夫なことを確認して購入していきました。

決め言葉を言う時は、お客様に対し、実際に手を動かしながら説明してください。

悩んでいるなら必ず動作に持ち込むようにしましょう。

「薄手のニットなら大丈夫」というなら、店の薄手のニットに着替えてもらって、確認してもらうのです。

・帽子だったら、「ちょっと後ろにつぶしてかぶると可愛い」など、かぶり方を教える

・美容院で、「前髪が伸びてもアレンジすれば大丈夫」と言ったなら、実際に教える
・口紅だったら、実際に引いてもらい、いろいろな角度から見る
・シャツで「袖をまくったり、ロールアップするとこなれ感が出る」と言ったなら、実際に必ずまくってみせる。

そして、販売員が行ったあとに、必ずお客様自身でやってもらいましょう。そうすれば、お客様ひとりでもできる自信がつきます。

お客様に手間をかけさせてしまいますが、家に帰ってがっかりさせるよりも何倍も親切です。

きちんと試して、サイズがダメだった場合は、無理にすすめないでください。

また、返品できる場合は、「返品できます」ときちんと伝えましょう。

自分が言ったことをその場で納得してもらえば、印象も良くなり顧客化につながります。

ポイントは「本当にお客様のためを思って、大丈夫と言っているか」なのです。

「セット売り」は、そもそもセットで売るためのものではない

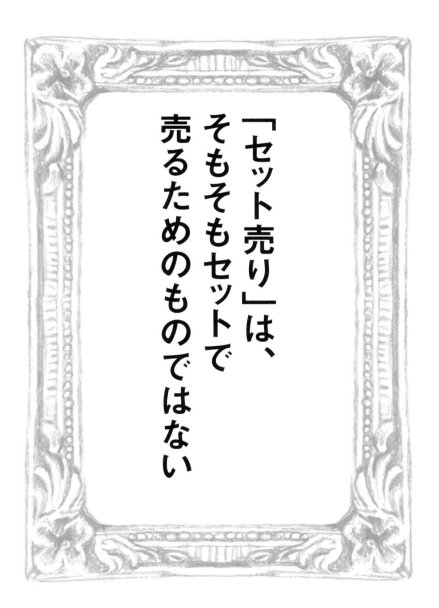

お客様が手に取っている商品に合う商品を提案する「セット売り」。

販売員ならだれしも「セット売り」は上手になりたいはずです。

しかし、反応が良い場合と悪い場合があります。

提案した商品の好き嫌い……だけではないようなこの反応。

その違いはなんでしょうか。


まず、「セット売り」の意味を理解しておきましょう。

そもそも、組み合わせを提案することは、買わせるためではないのです。

お客様が今購入を悩んでいる商品に、現在お客様が持っているものが合うのか、そもそも何を持っているのかを思い出してもらうためです。

「家にある、あのアイテムとこの商品が合うかな」

と販売員が、お客様の家にある品物と商品との組み合わせを提案するために持っていくのです。

そして、手持ちのものに合うものがなかった場合で、かつ、販売員が持ってきた組み合わせのセンスが良かった場合、「これも買いたいな」と判断して購入に至ります。

実はここで、セット売りの得意な販売員ほど、持っていなさそうなものをあえて持っていき、新しい提案をして購入につなげています。

これをまず念頭に置いておきましょう。

セット売りを、「お客様にもうひとつ買わせるため」だけだと思うと、それは「信頼感」が生まれるのとは遠い、ただの買わせるための手段になってしまいます。

これは、接客として最も避けるべきことです。

お客様が不快に思ったり、そうでなくても、こちらも後ろめたさからお客様のちょっとした反応にビクついたりしてしまいます。

まずはこの認識がきちんとできれば、セット売りの土台ができたようなものです。

セット売りを成功させたければ、「別に買われなくてもいい」と思う

あるお客様が、先輩の接客を受け、Tシャツと、それに合わせるためにおすすめされたジーンズを購入されました。

その時、私はとても驚きました。なぜなら、それは1時間前に私がセット売りでそのお客様におすすめしたものだったからです。

なぜ私からは買わずに、先輩からは買ったのでしょうか？

その時、私が気にしていなかったのは「商品説明の時間」でした。

当時の私は、まだセット売りをお客様にもう一点追加で買わせるものだと思っていました。どうしても自分ばかりがまくしたててしまい、商品の良さの主張ばかりしてしまっていたのです。

つまり、お客様に考える時間がありませんでした。

当たり前のことですが、買うか買わないかを判断するのはお客様です。ここで、「こんなに接客しているのに、商品まで持ってきて提案しているのに、どうして買ってくれないの」

という雰囲気になってしまうと、もう失敗です。

接客でいちばん大切な「信頼感」からは程遠く、お客様は接客を嫌いになってしまうかもしれません。

ここで大切なのは、セット売りは「お客様が別に買わなくてもいい。ただし、持っていなかった場合は検討してほしい」と思うことです。

つまり、お客様が、

「これに似ているアイテムを持っているかな」

「持っていなければ、このアイテムは買ってもいいほど可愛いかな」

などと判断できるようにするのが販売員の役目です。

そのために必要なのは、お客様のサインを見ること。

商品を鏡の前でゆっくりととめて、お客様がそのコーディネートがじっくり見られるようにしたり、その組み合わせについて何か言いたそうな場合はきちんと聞く。

そして、だめそうならば商品を引っ込めたり、別の商品を持ってきたりできるようにします。

別に買ってくれなくてもいいのです。

それは、お客様が似ている商品をすでに持っていたり、残念ながら自分の提案が気に入らなかっただけですから。


セット売りを、ただの買ってもらうための行動だと思っていると、こちらも、

「興味ないかもしれない」

「押し売りに思われたら嫌だなあ」

などと、お客様の反応を見ることもおざなりになってしまいます。

セット売りで大事なのは、お客様の反応をしっかり見ること。

そして、しっかりと見るべきなのは、

「お客様に商品を押し売りしようとしているのではなく、そのコーディネートに興味を持っているか」

です。

セット売りを成功させる
魔法の言葉は
「例えばなんですけど」

実は、セット売りを成功させる魔法の言葉があります。

それは、「例えばなんですけど」。

この言葉を使って、とにかく早めに別の商品も一緒に説明することです。


ある店長はセット率の高さが自慢です。

例えば、お客様がパンツを手に取ったとします。

最初の一言は、

「パンツをお召しになることが多いですか」

といった質問から始まります。

お客様から、

「スカートも履きます」

といった返答があると、

「そうなんですね。例えばなんですけど、こんな商品でしたら、どちらにも合いますよ」

と言いながら、近くにあったトップスを手に取り、お客様の目の前で組み合わせて見せます。

そして、

「こういうのもあるのですが」

と言いながら、また別のものも気軽に紹介します。2〜3個、遠慮せずに並べるのです。

先輩は、並べた商品の反応を見て、そのあとからも、お客様が持っていなさそうで、かつ好きそうな商品や似合いそうな商品を持って行きます。

「この人は私の好みや必要なものをわかっている」

とお客様が感じれば、押し売りという印象が薄れ、先輩のおすすめを受け入れてもいいという気持ちになるようでした。

この先輩には、

「他には何があるの？」

と食いつくお客様が多く、その度に、

「お客様は腰の位置が高いので、この商品が似合うと思うんです」

と言いながら提案し、セット率をあげていました。

お客様に商品提案する際に使っていた、

「例えばなんですけど」

という言葉は、コーディネートされたものを買わなければという抵抗感を柔らげる言葉です。

この言葉によって、お客様も自然と接客にひきこまれていたようでした。

ここでのポイントは、

「早い時間で、お客様が手に取ったもの以外の商品もセットで説明をする」

「実物を見せながら説明する」

ことです。


セット率がなかなかあがらない理由は、単品の説明が長いからです。

ついお客様が手に取った商品の説明ばかりしてしまいます。

もしくは、その商品に合う組み合わせを、口だけでしてしまい、目の前で見せていない場合です。

これは残念ながら、さほど意味がありません。ひとつひとつ、実物なしで想像し、会話するのは難しいことです。

商品を組み合わせながら、その結果どうなるかを話しましょう。

「家具の材質を同じにすると、部屋がスッキリして見えます」

「このトップスとボトムを合わせると、足が長く見えます」

などのように、相乗効果でどのようなことが起こるかを説明していきます。

このような動きを、接客の序盤で行っていけば、短い時間でセットを組んでいくことができます。

「例えばなんですけど」を使うと、自然に早い時間からセットを見せていけます。どんどん使ってみてください。

クロージングは必ず真顔で

「販売員は常に笑顔でいなければならない」と教えられたことがある人もいるでしょう。

しかし、それは間違いです。

常にニコニコする必要はありません。ニコニコするのが大切なのではなく、表情に感情を伴わせるのが大切です。

特に覚えていてほしいのはクロージングの表情です。

最後に、お客様にぜひ聞いてもらいたい「押しの一言」であるクロージング。これは真顔で挑むことを忘れないようにしてください。

ある後輩はいつも笑顔で感じが良いのですが、まったく売れません。

どうしてかと見ていると、彼女は、言葉と顔が合っていなかったのです。

クロージングもニコニコと、

「今まで失敗されていたのなら、こちらがおすすめです」

と話しています。

「失敗」という言葉と対照的な彼女の表情は、まるでその失敗を笑っているように見えました。

いちばん大切なのは、話す内容と表情を一致させることです。

悲しい時には悲しい表情、嬉しい時には嬉しい表情をしましょう。

例えば、Ｔシャツの色で悩んでいるお客様がいたら、

「グレーは汗が目立ちやすくなるので、おすすめできません」

と心配そうな表情で別の色をすすめましょう。

真剣におすすめする時は、真剣な表情を。

常に笑顔でいる必要はありません。

「使ってます」と言われたら、そこから接客のチャンス

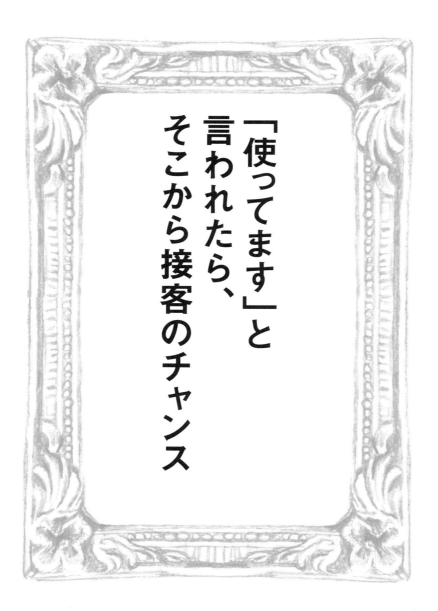

お客様が商品を手に取っているところに声をかけたら「今使っているんです」と答えられたことはありませんか？

このような、すでに商品を持っているお客様には接客がいらないのでしょうか？

特に、Tシャツ、シャンプーやメイク用品などは、お気に入り商品をリピートするお客様も多いでしょう。

このような時、あることを言えば、より一層商品を買っていただける可能性があります。

あるお客様が、いつものファンデーションを買おうとしていた時、販売員から声をかけられました。

すでにこの商品を使っていると伝えると、

「今使っていて、崩れやすいなど、トラブルはありませんか？」

と聞かれたのです。

その人は、

「確かに、最近化粧直しをすることが増えた気がします」

と答えました。

すると販売員は、

「このファンデーションはツヤも出て仕上がりがいいのですが、夏が近いので、下地をお使いになられれば崩れにくくなります。先日新しく出たものが、お客様にぴったりです」

と、新しい商品の説明をしました。

そのお客様は、結局、ファンデーションだけではなく、他に2点ほど購入して店を出ました。

お客様から「もう使っています」と言われた場合は、チャンスです。

お客様から使用状況を聞き出してみましょう。

なぜなら、リピートしている人は、そのブランド自体に好感を持っていることが多く、他の商品も気に入ってくれる確率が高いのです。

それに、もしかしたら、

「気に入ってるんだけど、もうちょっとここがよくならないかな」

など、多少妥協していることがあるかもしれません。

もしくは、今使っているものより効果的な使い方があることを伝えれば、喜ばれるはず。

例えば、服なら新しいコーディネートを、化粧品ならメイク方法についてなどです。

商品のリピーターはチャンスです。

「使っているなら大丈夫かな」

ではなく、

「こうすると、より良くなると思いますよ」

を提案するように心がけましょう。

ロールプレイングでは、
「厳しいお客様役」も
練習するとスキルが
飛躍的にあがる

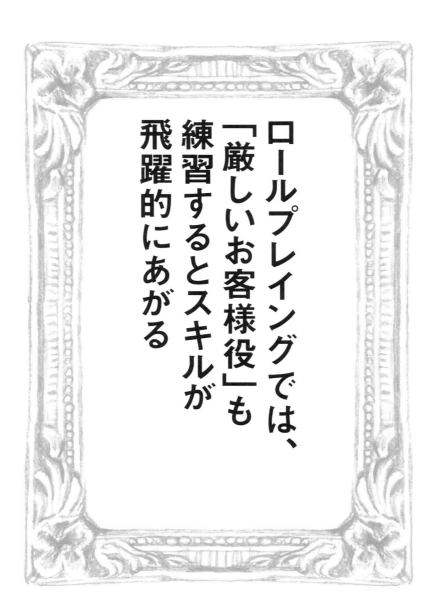

販売員同士で、お客様と販売員に分かれて練習するロールプレイング。

これは、販売員同士でできる基礎トレーニングです。

しかし、目的を持って行わなければ何の意味もありません。

ロールプレイングでいちばん大切なのは「お客様役」です。


ロールプレイングを意義のあるものにするために、守ってほしいことはひとつだけです。

それは「お客様が優しい」ロールプレイングは絶対にしないこと。

優しいお客様役は、

「何をお探しですか?」

という販売員の問いに、

「スカートを探していて」

などと答えてしまいます。

皆さんご存知の通り、こんなに自分から答えてくれる、親切な人はいません。

ぜひ、ロールプレイングでは「そっけない」お客様を登場させてください。

そして、ぜひ「お客様役」も練習してください。

実はこれをすれば、販売スキルが飛躍的にあがります。

お客様役をやると、常にお客様がどんな反応をするか観察する力が身につきます。

セリフや表情、しぐさなど、「このお客様は厳しい」という方こそ、観察してみてください。

その気持ちがわかり、お客様がこうならないようにどうしたらいいかも接客に活かせます。

お客様の心情が読み取りやすくなれば、提案する時の内容はもちろん、声のトーンや速度、しぐさなどに反映することができます。

お客様になりきることができれば、接客力はますますあがっていくでしょう。

ロールプレイングには時間をかけない

ロールプレイングは閑散時間にすることがほとんどなはず。
しかし、暇な時間とはいえ、待機の姿勢からファーストアプローチ……とやってい
るうちにお客様が入店してきたことはありませんか？
私が行っていたときもしょっちゅうで、毎回最初のほうしか練習できませんでした。

かといって、営業時間外に残業して行うのは得策ではありません。

だから、必ずロールプレイングは「時短」で行うこと。

そのためには、目的をはっきりさせる必要があります。

逆を言うと、ロールプレイングで何をしたいのかはっきりしないから、なんとなく最初から始めてしまうのです。


いちばんのおすすめは、「ロールプレイングは5分」にすること。


こうすると、一日に何回か行えます。

そして、ロールプレイング自体は3分にして、残りの2分はお客様役からの感想や

指導の時間にしましょう。

5分ですから、できることは限られています。

目的は、そのときの自分の課題です。よく目的になるのは、

・声が大きくハッキリと聞こえるようにする
・話している内容によって、笑顔や悲しい顔が使い分けられるようにする
・質問に対して深掘りできるようにする
・ひとつのメリットを、体験を例に提案する（例）幼稚園のお迎えに便利な点は〜
・クロージングワード（○○だから、お客様にはおすすめです）が言えるようにする

「じゃあ、ファーストアプローチした後からにするね」とお客様役が指示し、販売員は質問から入りましょう。

目的を持ってロールプレイングをすると、お客様役からのフィードバックもポイントを押さえてできるようになります。

練習したい部分以外のポイントを指摘され、論点がずれる心配もありません。

スランプになったら、とりあえずマネしてみる

接客には決まったルールがありません。

もし売れない日が続いたら、まずやってほしいのが「売れている人を徹底的にマネてみる」ということです。

販売員一年目の頃、ある買い物で、接客してくれた販売員に「今日はお話できて楽しかったです」と言われて嬉しかったことがありました。そこで、自分も同じ言葉を使ってみるとお客様も嬉しそうに「私も、すごく楽しかった」と言ってくれたのです。

そこに手ごたえを感じて以来、いろいろマネをしましたが、言いやすいセリフもあれば、自分が言うには照れくさくなってしまうものもあります。

そういう場合は、言いやすいようにアレンジしましょう。もし、スランプになったら、他の販売員を観察して、マネできることがあったらすぐに実践してみます。

「周りはどうしてこのやり方をしているのだろう」

と常に問いかけ、自分がしっくりくるようにアレンジすればするほど、接客は上手になります。自分だけの上手な接客は、他の人の良いとこ取りから始まります。

第3章

空気を読む仕組み化できる

外見観察をすると空気が読める

「あの人は空気が読める」などとよく言われます。ほぼ毎日初対面のお客様に接する販売員にとっても、お客様と会話する前から「空気が読める」ことができたらどんなに楽になるでしょうか。

そして、その魔法のような「空気が読める」は、あるスキルを磨くことで誰でもできるようになります。

それは「外見観察」です。

36ページの表では、「外見観察は接客中ずっとする」とお伝えしました。

入店する前から、接客の会話をしている間、そしてお見送りをするまで、外見観察が自然とできるようになれば、おのずと「空気を読める」ようになります。

例えば、

「服は色合いが地味だけど、鞄は派手だ。着こなし方がわかれば色物も着たい人かもしれない」

「口があいているから疲れているんだろう」
「なでるように触っているから、感触で決めるタイプなんだな」

などと、接客のプロにはお客様を見るだけで、何を考えているのか、どんな生活をしているのか、気づいてしまう人もいます。

販売員にとっていちばん重要なのが、第2章でお伝えした「商品説明」ですが、その最初の道筋を作るのが「外見観察」です。

はっきりいえば、外見観察ができるかどうかで売上が決まります。

お客様からのサインを見ることができれば、こちらがどのように接すれば良いか、何を聞いたら良いか、何を提案したら良いかがわかるからです。

また、空気が読めたあと、お客様が買いやすい空気を作るのも販売員の仕事。ぜひ、この章で外見観察のスキルを磨くとともに、心地いい空気作りもできるようになりましょう。

「自分が何を言うか」
ではなく、
「相手を観察する」
ことを心がける

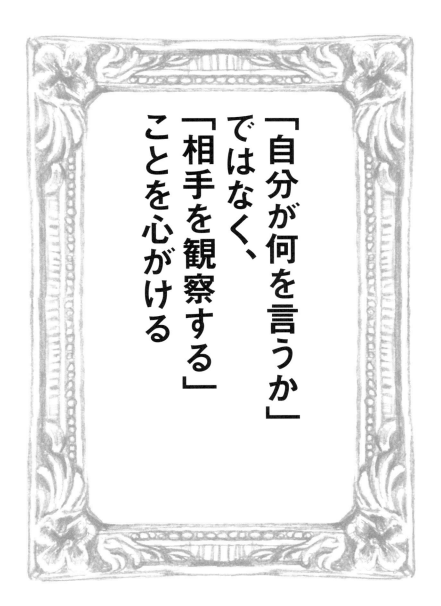

外見観察が得意なプロは、お客様を見るだけで大体どんな人かわかってしまうと先ほど書きました。どんな外見観察でも、基本のポイントは2つだけです。

まずひとつは、お客様の洋服。

身につけているものや、持っているものから、お客様の好みがわかります。

これがわかると、お客様にどんな質問をするか決められます。これは比較的簡単です。次の項目で詳しくお伝えします。

そして、もうひとつのポイントは、お客様の「気分」です。

これができると、今お客様が「どんな気持ちなのか」把握できます。

このようにお話しすると「占い師みたい！　難しそう」と感じるかもしれませんが、実は簡単です。

駅に近い店舗に配属されていた時のことです。

いつもはにこやかで優しい雰囲気の顧客様がいました。

ある日、開店と同時に来店されたのですが、なんだか少し険しい顔。

そして、何度も時計を見ながら、足速に商品を見比べています。

「いつもと違う」と察した店長が、顧客様に、

「お急ぎですか？」

と尋ねました。すると、

「実は、すぐに電車に乗らないといけないんだけど、コーヒーこぼしちゃって……。せっかくなら、いつも買ってるこのお店が良いと思って。なんかいいのないですか？」

と言います。

そこから手の空いたスタッフを総動員して、顧客様のブラウスに合うボトムをかき集め、急いで商品を提案したのでした。


「気分」をつかむために見るのは、お客様の、

・しぐさ
・視線
・表情

・**話し方**
・**歩き方**
です。

日常生活で、親しい人と接するときに自然と感じ取れるようなことでも、接客中だと意識していないと感じ取りにくくなります。

意外にお客様のことを見ていないものなのです。

ポイントは、自分の違和感に正直になることです。

先の例のお客様だと、

「時計をチラチラ見ている」

「足速」

「表情に余裕がない」

といったことで、

「急いでいるのでは？」とわかりますね。

「いつもはゆったりしている人だから、同じ調子でゆっくりと話しかけよう」としていたら、急いでいるお客様をがっかりさせたかもしれません。

ここまでの話で、難しいと感じた人もいるかもしれません。

そんな時は、まず接客は「自分が何を言うか」ではなく、「相手を観察する」ことを心がけます。観察する内にだんだんできるようになってくるものです。

お客様の気持ちを察する上で外見観察は欠かせないのです。

他にも接客に使えるお客様のサインはたくさんあります。

・遠くを見て、きょろきょろしているのは、何か探しものをしている

・腕を組んでいる時や、背中を向けて頑なに正面を向かないのは、人を寄せつけたくない

・気になっている部分を触る

試着室から出た時に、鏡の前でウエスト周りをつまんでいる時は、サイズに違和感がある時。裾をつまんで引っ張っている人は、そのアイテムを短いと感じている時。

人の気持ちと行動はつながっています。

お客様をよく観察すると、イライラしている、焦っている、リラックスしている、疲れている……など、心理が必ず垣間見えます。

親しい友人に寄りそう時に、相手の気持ちが何となくわかるのと一緒で、お客様の行動をしっかり見ていきましょう。

ここはぜひ身につけておきたい大切なポイントです。

外見観察力を身につけるには、「気づいたことを口にする」

さあ外見観察をしようと言っても、急に行うのは難しいと思います。

まずはいちばん簡単な、気づいたことを口に出してみることから始めてみましょう。

最初に見るのは、持ちものや身につけているものです。

「大きなバッグを持っているな」

「休日なのに、スーツを着ているな」

と思ったら、それをお客様に向かって伝えてみます。

「大きなバッグを持っていますね。普段から持ち歩くものが多いですか？」

「スーツなんですね。スーツをいちばん着ることが多いですか？」

といった感じです。

私が化粧品売場で、アイシャドウの接客を受けた時のことです。

アイシャドウを試したときに、

「今日は茶色のアイシャドウをつけていて、チークの発色も良いですね」

と言われました。

「はい、私はチークは明るいものが好きなので、茶色しか合わないかなあと思って。

いつも同じような色のアイシャドウを買ってしまうんです」と言うと、「茶色のアイシャドウがお好きなわけではないんですね！　それなら、意外とこういう色も似合いますよ」と、自分では選ばないような色を提案してもらいました。

お客様が身につけているものを糸口にして会話をすると、必ず購入へとつながります。

身につけているものから、その人の好みを把握します。すると、相手が気に入りやすい商品が絞り込みやすくなります。

気づいたことを口に出してお客様に伝えると、自分では思いもよらなかった会話や提案の幅が広がることもあります。

それは、自分の接客にとっても、楽しいひとときになるでしょう。

また、「お客様の持ちものを口に出そう」と決めることで、自然と外見観察の癖がつきます。

お客様の身につけているものをまず観察しましょう。販売員はここからです。

シーンとなったら
そっとすること

お客様との接客で一番怖い「沈黙」。

一方で、売れる販売員ほど、この沈黙を怖がらない傾向があります。むしろチャンスだと思っているのです。

それは、お客様が沈黙している時は、真剣に考えている時間で、買ってくれる可能性が高くなると知っているから。

あるお客様が、スカートの前でじっと黙り込んでいました。

先輩が接客していたのですが、その様子を見て、途中で少し離れたのです。

そのあとまた先輩は帰ってきて、そのお客様は、結局購入して行きました。

見ていた私は、お客様がずっと沈黙していたので、

「私だったら、ハラハラしてたくさんしゃべりかけちゃうな……」

と思いました。

お客様が沈黙すると、

「じゃあ、また考えてから来ます」

と断られることが怖いという販売員は多いでしょう。

しかし、こんな時のお客様は、誰にもせかされずゆっくりと考えて結論を出したいと思っています。

これは、「商品説明」の場面でお話をした「聴覚」タイプのお客様に多くみられ、一定数、必ずいます。

観察をし、お客様の表情が真顔になったり、考え事をしている、とわかったら、話すのをやめて考える時間を作るのもよいでしょう。

わざと、

「他におすすめがあるので、お待ちくださいね」

など離席してみて、お客様をひとりにする時間を作ると、集中しやすくなります。

「販売員のテンションは常に高く」は都市伝説

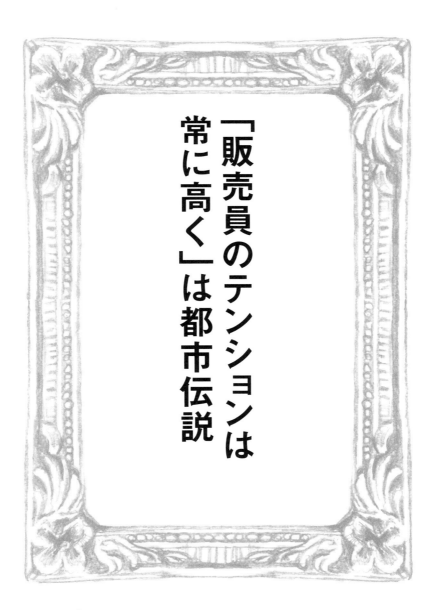

売場に立っていると、ニコニコと話しかけても仏頂面のままのお客様はたくさんいらっしゃいます。仕事とはいえ身に応えるものです。

しかし、中にはどんなに反応の薄いお客様でも、会話ができる達人もいます。

そのような販売員はどのように話しかけているのでしょうか。

やってしまいがちなのが、反応が悪いお客様にもテンション高く話しかけること。

これは、必ずしも効果があるとは言いがたいようです。

「よろしければ、ご覧になってみてくださいっ」

と元気よく満面の笑みで話しかけた場合、それで波長の合うお客様とは会話が続くかもしれません。

しかし、テンションの低いお客様とは会話が続かないでしょう。販売員の空回りの元気で、会話を無理矢理に続けようという空気はつらいものです。

お客様が、疲れていたり、体調が悪かったり、悲しいことがあった時、小うるさく話しかけられたとしたら、耳障りになってしまうこともあります。

では、どのように話しかければよいでしょうか。

ポイントは、お客様に、会話の速さやトーンを合わせることです。

落ち着いているお客様にはゆっくり、少し声を落として穏やかに話しかけます。

焦っている様子のお客様には、こちらも聞き取りやすさを意識しながら、少し早口にハキハキと話します。

こうすると、お客様が自分と似ているところを自然と感じ取り、「この人は私と感覚が近い」と親近感が生み出せるのです。

ある日、私は体調が悪い中、急きょ必要になった黒いパンプスを買いに、いつものスタッフがいる靴屋へ寄りました。

いつもは、にこにこと明るいスタッフなのですが、私がぼうっとしていることを汲み取り、落ち着いた対応をしてくれました。

あまり頭が回らなく、ぼんやりしている私に調子を合わせてくれながら、ゆっくり話してくれたおかげで気持ちよく購入することができたのでした。

「販売員のテンションは常に高く」は都市伝説です。

トーンはお客様に合わせること。たったこれだけです。

お客様と一緒に鏡をのぞき込もう

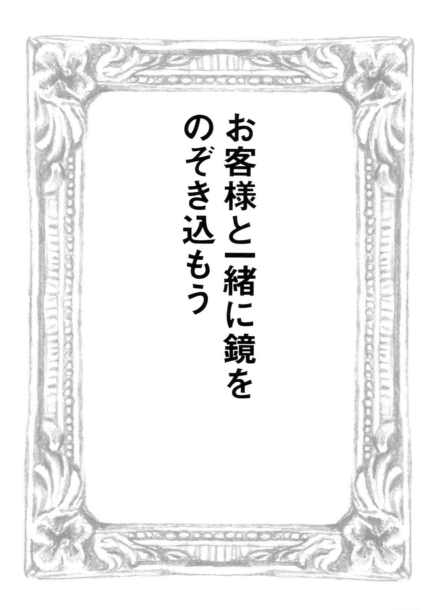

先ほど、「お客様に会話のトーンを合わせるといい」とお伝えしましたが、それと似ていることで、簡単にお客様と距離が縮まるテクニックがあります。

すぐできるので、ぜひ試してみてください。

それはお客様と同じ動作をすることです。

例えば、服やコスメの接客では、鏡の前で商品を試しながら提案をしてみてください。

その時は、お客様に向かって話すのではなく、鏡に写っているお客様を見ながら会話をします。

ここで大切なのは、お客様と同じものを見ているという空間を作ることです。

こうすることで、お客様に共感していると強く思ってもらえます。

また、鏡を一緒にのぞき込むことで、自然と距離を縮めやすくなりお客様から言葉を引き出しやすくなります。

インテリアや雑貨の場合は、お客様と同じ動作をしてみましょう。

例えば、ソファの接客では、自分がソファを押しながら「押してみてください」と伝えるなどです。

入店する前から「信頼」を得る方法

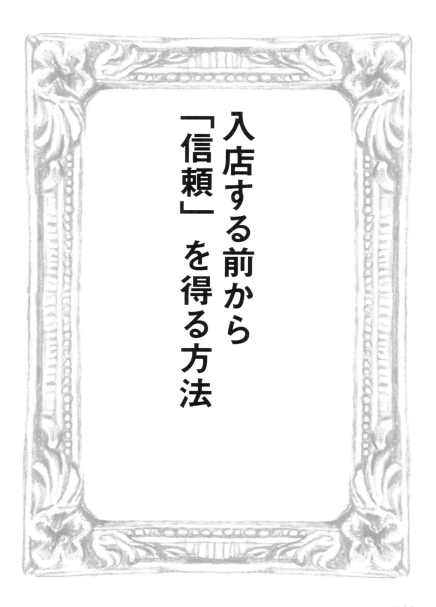

ファッションビルで、どのお店に入ろうか迷う時、あなたは何を基準にお店へ入りますか？

そのときの自分の気持ちを観察してみてください。

一体どんなお店が「入りやすい」のでしょうか？

それは落ち着いて見ることができそうな店ではありませんか？　すなわち店内が適度に賑わっていて、販売員に気兼ねせず見られる店です。

ある店長が、入店率が伸びないことに悩んでいました。

ウィンドウのディスプレイなどを工夫しましたが、一向に入店率は伸びません。

実は、お客様の入店は、販売員の動き方で簡単に改善できます。

その店では販売員が、つねに什器の間を行ったり来たりしていました。

つまり、販売員が暇そうに見えてしまっていたのです。

入店率をあげるためには、ディスプレイの力ではなく、販売員の動きが最も大切です。

先の例では、販売員が暇そうに見えるせいで、

「自分が商品を見る前にすぐ話しかけられてしまいそう」

「仕事をしている人がいないなんて、気が利かなそう」

といった印象をお客様から持たれてしまっていたのでした。

お客様が気兼ねなく見ることができる店とは、販売員が自然な空気感を発している店。

つまり、不自然に突っ立っているのではなく、自然と忙しく賑わっている様子を出せる店なのです。

そんな入店しやすい店にするには、どうすればいいのでしょうか。

基本はお客様が入店するまでの準備をしましょう。

一般的なのは、売場のメンテナンス。

掃除をしたり、商品をたたみ直したりなど売場を整えます。

アパレルやインテリアでは、お客様を想像してコーディネートを作ってみる、化粧

品売り場では悩み別のプランを作ってみるなど、お客様に合わせた提案を準備しておくとよいでしょう。

これは、一見入店率とは関係のない美容院や病院でも同じです。

「いざ自分がお世話になる時、入りやすいところがよい」と、通りかかる人からは、結構観察されているものです。

いちばん危険なのが、入り口付近でぼーっと立っていることや、必死に声だしをしていることです。

確実に入りづらくなります。

先述のショップでは、さっそくスタッフの待機の姿勢を見直すと、これまで通り過ぎていたお客様も、様子を見ながら気づいたら入店している、という状態が生まれました。

ひとりのお客様が入店すれば、自然に次のお客様が入りやすくなり、ひとりふたりと増えていきます。

入店率の低いお店で
背後に張りつかれると
怖い

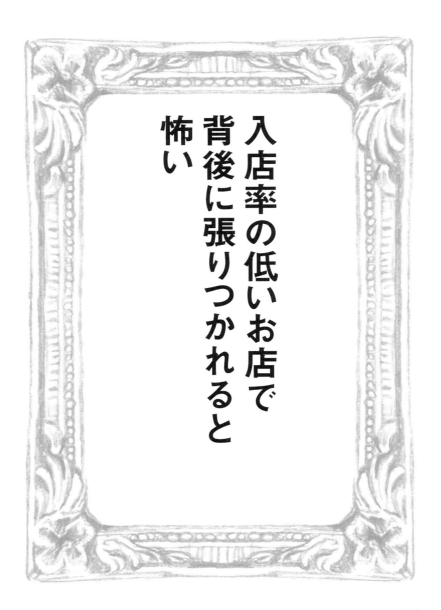

入店率が高くないお店では、お客様はひとりも逃がせません。

来店したお客様を少しでも引きとめて、より多くの買い物をしてほしいとは販売員なら誰しも思うこと。

しかしそれが、時に居心地の悪い空間を作り出してしまうことがあります。

もしお客様の数が少なく、お店全体が張りつめた雰囲気になっていたら、実行してみてほしいことがあります。


あるビルで、覆面調査があった時のことです。

そのビル全体にお客様の来店数が少ないので、各店の販売員はお客様を逃がすまいとぴったりくっついていていました。

覆面調査には、その点についてキツイ言葉が並んでいました。

「ひとりでゆっくり見たいのに、張りつかれてしまい落ち着いて見られない」

「背後でずっと見張られていて怖い」

「手に取るたびに、商品説明が始まるので、商品を手に取るのが面倒」

逃がさないように販売員がしていた行動が、かえってお客様を逃げたくしているのがわかります。

それでは、こういう張りつめた雰囲気になってしまった場合はどうすればよいでしょうか？

その時は、外見観察のルールを決めましょう。

いちばんいいのは、お客様が商品を3回以上手に取る、もしくは3秒以上商品を見ている時に声をかけることです。

その際、お客様の背後には絶対につかないこと。

お客様は、自分の見えない場所から販売員にじっと見られていると思うと不安を感じます。

お客様からななめ前か、横、什器一つ分くらい離れた見えるところに立ちましょう。

3回、3秒はお客様の商品に対する興味のバロメーターを現しています。

回数や時間をかけているお客様は商品に興味を持っているからです。

お客様を逃がさないようにするのではなく、お客様が滞在しやすい環境づくりを目指すようにしましょう。

ファーストアプローチは すれ違いざまの あいさつ程度でいい

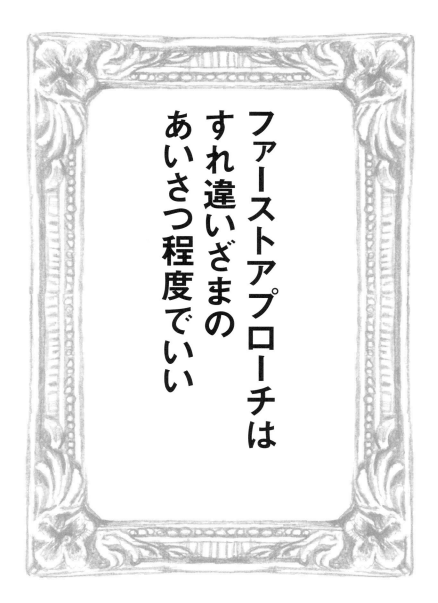

お客様に声を最初にかける「ファーストアプローチ」、難しいですよね。

辛いと感じている人も多いと思います。

例えば、お客様が商品を手に取ったタイミングで近づこうとした時。

さっと商品を戻されてしまうと、まるで自分が嫌われたように思うでしょう。

しかし、ファーストアプローチもコツさえつかめば簡単です。


そもそも、ファーストアプローチの大前提は、「販売員がいて、困った時は接客させてください。その時はよろしく」と気づいてもらうことです。


これを覚えておいてください。

つまり、偶然そこを通りかかったので声をかけました、といった印象を与えるようにするのです。

よく言われる「商品を手に取ってすぐに」「声をかけるタイミングをじっくり観察してから」声をかけるなどは、実は失敗の元です。

これらは、わざとらしい印象で、買ってほしいオーラが出てしまいます。

覚えておいてほしいのは、入ってきた瞬間からお客様に徐々に近づいていくことです。

私の後輩は、ファーストアプローチの名人です。

お客様が入店したタイミングで距離を縮めていき、お客様が商品を手に取っている時にはすでに話しかけています。

お客様も自分が商品を手にとる時にはすぐ近くにいるので、抵抗なく応じることができるようです。

名人のポイントは、かける言葉。

「きれいな色ですよね、ゆっくりご覧になってください」

と言いながらすっと通り過ぎる程度のもの。

ほんの一言だけ、すれ違いざまの世間話のような感じです。

そして、まだお客様が興味深く見ているようなら、

「私も、その色が好きです。品がある色ですよね」

などと、次のトークへつなげていきました。

いいファーストアプローチは、お客様と会話をしようとは思わないことです。

とりあえず、ここにいますよ、とあいさつをする程度だと思いましょう。

お客様が入ってきた瞬間に何も考えずに近づき、商品を眺めている段階でも、気軽に世間話のような気持ちで話しかけてください。

お客様を観察している間、販売員はさまざまなことを考えるもの。

「今話しかけたら無視されるかな」

などとタイミングを図っていると、その空気をお客様も敏感に察知します。

すると、お互いの空気を読み合いながら、構えてしまう姿勢になってしまいます。

しかし、会話をしないと思ったら、気持ちも楽に話しかけられます。

ちょっとしたあいさつのような雰囲気を目指してください。

そもそも、知らない人に話しかけられて、そのまま仲良く会話してもらうほうが奇跡なのです。

自分の存在を知ってもらう程度に考え、セカンドアプローチに比重を置くようにするほうが、接客しやすくなるでしょう。

セカンドアプローチを制するものは接客を制する

私が声を大にして言いたいのが、「セカンドアプローチをすれば売れる」ということ。

一般的には、ファーストアプローチのほうが重要だと言われているかもしれませんが、そんなことはありません。

売上をあげやすいのは、セカンドアプローチです。

そもそも、セカンドアプローチとはなんでしょうか。

これは、一度声をかけたお客様から断られた場合に、再度声をかけることです。

「怖い」と思うかもしれませんが、セカンドアプローチは怖いものでも、大変なものでもありません。

ファーストアプローチをされた時、大抵のお客様は、急に話しかけられてびっくりしている状態です。

そういう場合、人は曖昧な態度になります。

また、商品もまだゆっくり見ていないのに、販売員と何を話せばいいかとまどう人も多いでしょう。

しかし、セカンドアプローチは、お客様が売場に馴染みやすくなっています。商品に何が並んでいるかも見ているし、一回声をかけられていることで、再度声をかけられることへの心の準備ができています。

だから、セカンドアプローチのほうが、いい反応が返ってくる場合が多いのです。

一瞬離れてトライしてみてください。

雨の日には、ファーストアプローチが流れを変える

雨が降ったり、雪が降ったり、お客様の足がまばらになる閑散期。

雨の日のお客様は、いつもよりも買う気がないというのは、あながち間違いではありません。

明確な目的を持っている場合は別として、外の天候が悪い中、荷物をふやすのは憂鬱なものです。

それ以外にも、雨の湿気によって身体が重たくなり、あまり動きたくないという心理的な理由もあります。

閑散期には、販売員も「今日はお客様が少ない」と緊張の糸が切れがち。

店もシーンと静かで、入ってくるお客様も何だか反応が薄いもの。

お互いが接客をする、されるモードに入っていないといえます。それをブレイクするのは、ズバリ、

「ファーストアプローチをいつもよりしっかりとすること」。

先ほどご紹介しましたが、ファーストアプローチは接客に持ち込むためにするので

はありません。

その場の張り詰めた空気を解消するために、気軽な調子で一回声をかけておくのです。

ただし、閑散期には「よろしければご試着できますので」「お手に取って御覧ください」と相手の行動を促すような言葉はおすすめしません。

試着や、商品を手に取らなければ、店に滞在しないでください、といったニュアンスにとられてしまうからです。

声をかけるなら、

「外は雨で大変ですよね。ゆっくりしていってください」

「何かあったら、声かけてくださいね」

といった、お客様の意思に任せるような言葉がおすすめです。

雨の日、極端に売上がさがるショップがありました。

他のショップもそれなりに売上を落とすものの、そのショップの落とし幅は他店に比べてひときわ大きいものでした。

原因は、入ってきたお客様の様子をよく観察し、タイミングを読んで声をかけようとしていたことでした。

先ほども言いましたが、ショップ内にお客様が少ない時に、タイミングを読もうとすれば、知らず知らずのうちにジロジロと見てしまうでしょう。

お客様にとっても、店はものすごい緊張感に包まれているはずです。

だから、むしろここで早めのファーストアプローチをしてしまいましょう。空気を変えられます。

閑散期には、ファーストアプローチが流れを変える、ということを覚えておきましょう。

接客中に他のお客様に
声をかけられたら
どうしますか？

接客をしている最中に、別のお客様から話しかけられたり、電話が鳴ったりすることがあります。

お客様との会話を中断することにも気が引けますが、別のお客様を邪険に扱うわけにもいきません。

一体どのように対応したらよいでしょうか。


ある店でクレームが入りました。

どうやら「問い合わせの電話に出てくれない」というのです。

その店では「接客を中断すると、お客様がいなくなり売上が減る。だから電話には出てはいけない」という指示が出ていました。

そのため、接客が集中する時間帯ではほとんど電話に出ることはありませんでしたので、雑誌掲載の商品などの問い合わせで、お客様から電話があった時も対応できなかったのです。

目先の接客にとらわれてしまい、お客様の信用を失ってしまった一件でした。

電話の相手や、あるいは呼びとめた方もお客様であることは忘れないでいたいものです。

このような場合は、接客中のお客様に「お願い」をしてその場を離れるとよいでしょう。

接客中にお客様に話しかけられたら、まずはそのお客様に快く返事をします。

その後、接客中のお客様に一言、別の方を対応する旨を伝えその場を離れましょう。

可能ならば、パンフレットや、目の前に提案商品を広げ、

「ご覧になりながら、お待ちいただけますか」

とお願いして離れます。

お客様を手持ちぶさたにせずにすみますし、アパレルの場合は、試着室へご案内するのもひとつの手です。

2番目に声をかけたお客様には軽く声をかける程度で結構です。

「サイズのご希望があれば声をかけてください」

「あちらで接客しておりますので、ご試着などご遠慮なく申しつけください」

といった感じです。

電話の場合も同様です。

お客様に電話に出る旨を伝えた後に、その場を離れます。

電話の相手には、

「ただいま接客中ですので、折り返しお電話させていただきます」

と伝え、電話番号と名前を伺うとよいでしょう。


もし、他のお客様からの声がけや電話がかかってきたら、慌てずに対応したいものです。

鳴り続ける電話を無視したり、話しかけられた相手に焦った対応をすれば、接客中のお客様も気を遣ってしまいます。

落ち着いて、「〜しておいていただけますか」とお客様にお願いをすれば、お客様も快くお待ちいただけるはずです。

ダブル接客ができるようになると一人前

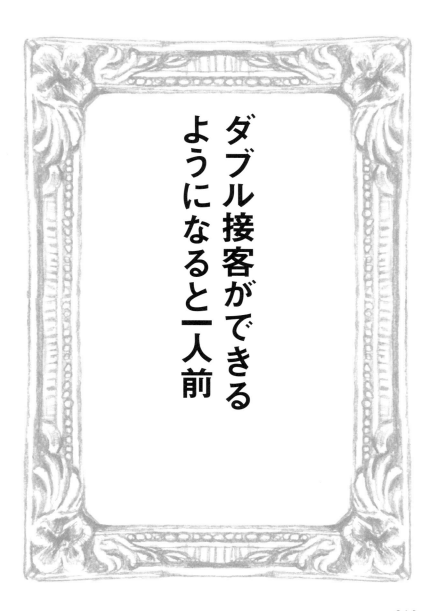

先ほどは接客中に別のお客様から声をかけられた場合のことをお話ししました。

ここでは、売場にひとりしかいないのに、お客様が複数入ってきてしまった場合、どうしたらよいかをお伝えします。

ダブル接客とは、その名の通りダブル（ふたり）のお客様を接客すること。時にはそれ以上の人数のお客様を接客し、それぞれから売り上げるようになれれば一人前といえます。できればかなりの売れっ子販売員です。

難しそうですが、ふたり以上のお客様でも、落ち着いて対応すれば大丈夫です。

まず、接客中に別のお客様が入ってきた場合は、いったん会釈をしてから「いらっしゃいませ」と声をかけましょう。

これは「お客様の入店への感謝の気持ちを伝える」ことにつながります。

販売員が忙しそうなところに入ると、それだけで萎縮してしまうお客様もいます。

そこで販売員のほうから、「どうぞどうぞ、見ていってください」という雰囲気を出すのです。

そして、接客中の方に提案する商品を取りに行くついでなど、新たに入店してきたお客様へ「何かあればお声がけください」と声をかけておきます。

取り込み中の販売員に声をかけるのはお客様も遠慮しがちですが、このように声をかけておくと、お客様も他のサイズが見たい時や試着をしたい時に声をかけやすくなるでしょう。

接客していたお客様の元へ戻った時は、

「失礼しました」

「お時間いただきありがとうございました」

と言います。

ダブル接客で必要なのは、この「きちんとした声がけ」だけです。

これがあるだけで、接客していたお客様も不快になることはありません。

まず、入店の「いらっしゃいませ」を徹底。そして、店内を動く際に、別のお客様に声をかけるようにします。その販売員も、他のお客様が店内で何をしているか把握できるようになります。

すると、他のサイズを試してみたくてきょろきょろしているお客様や、鏡を探しているお客様を見つけることができるようになり、自分の能力もあがるのです。

他のお客様に接客が必要そうな場合は、

「いま、あちらのお客様が困っていらっしゃるようなので、一瞬席を外してもよろしいでしょうか」

と声をかけ離席するようにしましょう。

きちんと言うことさえ忘れないようにすれば、接客中のお客様も快く応じてくださいます。

目の前のお客様だけではなく、自分を必要としているお客様の存在に対応できるようになれば、一人前です。

イヤホンをしている人には
とりあえず話しかける

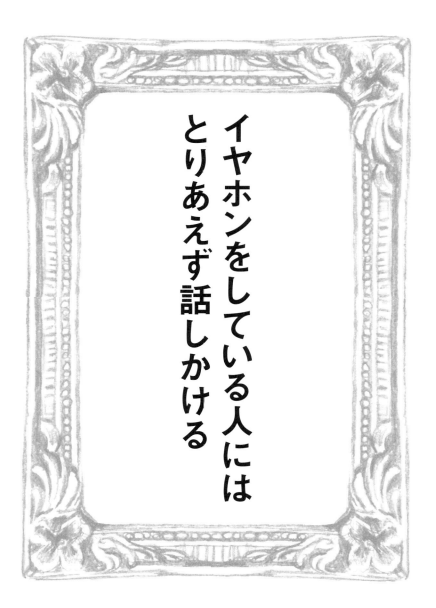

イヤホンをしながら入店する人は意外に多いです。

どのように話しかけようか悩む人もいるでしょう。


ある日、イヤホンをしたお客様が来店しました。

私は恐る恐る後ろから話しかけてみましたが、お客様はこちらをすっかり無視です。

お客様の滞在時間が長く、商品をゆっくり見ていたので、何度か話しかけて見ました。しかし、イヤホンを外す素振りさえ見せません。

最後にはお客様は何もなかったかのように店を出て行きました。


こういう時はどうすればいいのでしょうか？


結論から言えば、「とりあえず話しかけてみよう」です。

話しかけた時にイヤホンを外さないお客様は「話しかけてこないで」のサインを発しています。

反対に、話がＯＫなお客様は、自分からイヤホンを外します。

もうこれは、話しかけてみるまでわかりませんので、タイミングを見て話してください。

イヤホンをつけているお客様は他のお客様よりも声が聞こえにくいため、お客様に自分の口元を見せながら話しかけると良いでしょう。

冒頭ではお客様に遠慮して後ろから話しかけていましたが、これは見えていません。イヤホンをしながら商品を見ているお客様には横から近づきましょう。

自分の顔をみせながらハッキリと口を開けて話しかけ、お客様に向かって話しかけていることをアピールします。そこでイヤホンを外して話を聞こうとしてくれたお客様にはそのまま接客します。

反対に、イヤホンをはずさなかったり、話しかけてもすぐイヤホンをつけなおしたりするお客様は、その後自由に商品を見ていただきましょう。

無理やり話しかけても、

「話しかけてほしくないのに」

という不満が高まるだけで、会話が成り立ちません。

また商品をじっと見ている時など、セカンドアプローチをかければよいのです。

商品がなかった場合は必ず代わりの商品を持って行く

販売員なら誰しも、お客様からの要望でサイズ違いや色違いなどの在庫を、倉庫まで取りに行くことがあるでしょう。

もしなかった場合、あることをすると、お客様から喜ばれる上に、信頼されることがあります。

靴屋での出来事です。

「23センチの黒はありますか？」と販売員に聞いたところ、手に持って帰ってきたのは

22・5センチの黒と23センチの赤。

23センチの黒が品切れしていたようです。

その代わり、サイズや色が違うものを用意してきてくれたのでした。

リクエスト通りの商品はなかったけれど、気の利いた手配で、とても嬉しく、結局思いのほかサイズがピッタリだった、サイズの小さい靴を購入して帰ったのでした。

頼まれた商品がもし品切れしていたら、色違いもしくは、サイズ違いを用意してみましょう。

もしかしたら、その色やサイズでよかったかもしれませんし、サイズが合っていることがわかれば取り寄せやすくなります。

また、違う店で、時計を選んでいた時の話です。

「この茶色はありますか？」

と聞くと、ついさっき完売してしまったとのことでした。

その販売員は手際よく他店の在庫を調べ、

「他の店にあったようですので、お取り寄せもできますし、お店も紹介できます」と言ってくれました。

この販売員は商品がない場合でも、提案をいくつかしてくれました。

せっかく購入寸前なのに、商品がないことであきらめてはいけません。

安易に断ると「この人は全然親身になってくれない」とがっかりさせてしまうでしょう。

ちょっとした行動で、その人が気が利くか利かないか判断されることを肝に銘じておきたいものです。

第4章

質問は、「商品説明」への道筋

そもそも、何と質問するのか

そもそも、なぜ質問するのでしょうか。

答えは簡単です。

「お客様が、ほしいものは何かを知るため」です。

しかし、お客様自身が「こういうスカートがほしい」などと明確にイメージできているケースは稀です。

その人の悩みや生活スタイルなどを聞くことで「そうそう、私これがほしかったの」とお客様も気づいていなかった潜在ニーズを引っ張り出すことが質問の役割です。

そのために、まず何を質問したらいいのでしょうか。

それは、「普段も○○なんですか」です。

レースやフリルの商品を触っているお客様には、

「普段も、かわいらしいお洋服がお好きですか?」

すっぴんに近いお客様が、ナチュラルメイクの商品を手に取っている時は、

「普段から、メイクが薄めなんですね」

と聞きましょう。同じテイストのものを身につけている場合は、このように聞けますね。

それでは、外見と手に取っているもののギャップがあるお客様にはどう接客したら良いでしょうか。例えば、落ち着いた色の服を着ているお客様が、赤やオレンジなどの明るい色を手に取っている時は、

「普段は、鮮やかな色もお召しになるんですか？」

小さなバッグでご来店された方が、大きなバッグを見ている時は、

「普段は、荷物は多いんですか？」

といったように、「手に取っているもの」中心に質問していきましょう。

ベッドや家電の場合など、ベッドの下に収納されたりしてますか？」

「今お使いのものは、ベッドの下に収納されたりしてますか？」

と、こちらも「手に取っているもの」中心に聞いてください。

「手に取っているもの」のほうを中心に質問する理由は、そのギャップが接客の要になるからです。

「今日はたまたま、いつもの趣味と違うものを探していた」という場合も意外に多いものです。ですから、手に取っている商品を中心に質問をするとうまくいきます。

私自身の失敗談です。

ギャル風の洋服を着たお客様が清楚系の商品を見ていたので、

「普段から、丈の短いワンピースをお召しになるんですか」

と質問しました。

しかし「今度婚約者の両親にあいさつをしに行くので……」と接客を避けられてしまいました。

このように、お客様の身につけているもののほうを言うと、「見た目だけで判断された」と思われる失敗となることがあります。

観察をするのは、お客様の外見と、持っている商品の両方です。

売れる販売員は、両方に注目するのですが、売れない販売員は、お客様だけを見てしまいます。

ぜひ、両方を見て「手に取っているもの」にフォーカスした質問をしましょう。

質問しても、
答えられなければ
意味がない

接客の指導にはブームがあります。

昔はファーストアプローチブーム、そして今はニーズ把握ブーム。これまでは、ファーストアプローチをよくあるマニュアル化された言葉で言ってしまい、逆に壁を作っていたと反省し、今はニーズ把握！　と声高に叫ばれているのです。

だから、今は「質問」が流行っています。

先輩や店長に、「質問して」と言われることもあるでしょう。

しかし、必ず覚えておいてもらいたいのが、「質問」が最も重要なわけではないということです。

新入社員として百貨店のアパレルショップに勤めていた時、年配の女性を接客しました。

「ボトムはスカートが多いですか？　パンツが多いですか？」

と聞くと、パンツばかりとの返答。

いろいろと質問し、加齢による体型変化で、以前履いていたようなスカートが履けなくなってきたというお客様の悩みがよくわかりました。

しかし、問題はそこからだったのです。

似合うスカートを選ぼうとしたのですが、試着していただいたものはことごとく、ダメ。

何着試着しても、腰元から大きく広がってしまい、お客様に、

「やっぱり私みたいな体型はだめなのよね」

と思わせただけでした。


このように、質問をしてお客様のことがよくわかっても、その期待に応えるには商品説明の知識が必要です。

この例の場合だと、腰から広がってしまうのが悩みの方にはどの商品を選べば良いか、商品をどのように履けば広がらないかが頭に入っていれば、お客様に何枚も試着をさせず、気に入った商品を見つけることができたかもしれません。

一方的な説明に偏ってしまうことをやめて、お客様に質問して対話し、ニーズを知

ることが大事です。

しかし、その中でもやはり核となるのは、「商品の説明がいかにできるか」です。

質問の返答に困った時は、商品説明が一番大切だという前提に立ち返ってください。

質問のあとには必ず「商品の知識」がきます。

質問は、商品説明をするための前フリにすぎないと知っておいてください。

お客様の答えは「まず声に出してリピートする」

「質問」は、お客様がどんなことに困っているか、どんな商品がほしいか知るための糸口だと言いました。

しかし、お客様が自分からいろいろと話そうと思うのは質問をされるからではありません。初対面の販売員に、突然何か聞かれて、自分の悩みを話すのなんて無理があります。

悩みを引き出せるのは、質問したあとの会話が膨らみ、「この人なら私からいろいろ話してもよさそう」という信頼感を得られてからです。

信頼感が生まれてから、ようやく本当にお客様がほしいものを聞いたり、一緒に探したりできるのです。

質問一回で答えにはたどり着けませんし、たどり着こうとしてもいけません。

これも、私の失敗談です。質問することを覚えたての時、あるお客様が手に持っているスカートについて接客しました。

私「いつもはスカート派ですか？　パンツ派ですか？」

客「うーん、どっちも履きます」
私「普段は何と合わせていますか?」
客「えっと……Tシャツとかですかね?」
私「Tシャツは何色ですか?」

この調子でずっと質問していったのですが、お客様が本当は何がほしいのかわからないまま終わってしまいました。

この例の失敗は、お客様が答えてくれたことに対し、まったく無反応で別の質問をしていったことです。

お客様としても、
「せっかく答えたのに、それはどうでもいいんだ」
と拍子抜けするでしょう。

お客様が質問に答えてくれるのは、
「質問に答えたら、自分の期待に応えてくれるかもしれない」

と思うからです。

しかし販売員が一向に期待に応えてくれないなら、お客様の信頼感が得られないまま終わるでしょう。

それでは、どう言えばよかったのでしょうか？

販「普段はスカート派ですか？　パンツ派ですか？」

客「うーん、どっちも履きます」

販「どちらも履かれるんですね。じゃあ、どちらかにしか合わなくて困っているトップスもありそうですね」

客「そうなんです。この間買ったカットソーはまさにそうで」

販「カットソーをお持ちなんですね。どんな形だったんですか？」

こちらの例では、お客様が答えたことに対し、販売員が、

「そうなんですね。ということは◯◯じゃないですか？」

というように、答えています。

ここがポイントです。

質問に答えてもらったら、必ずそれに対してコメントをするようにしてください。**慣れないうちは、このように必ず「お客様の答えを声に出す」ようにするといいでしょう。**

そうすると、お客様の答えに対して、必ずコメントができるようになります。

こんな話運びができたなら、カットソーのボトムとの合わせ方を説明するとともに、スカートにもボトムにも合うアイテム選びのコツをお伝えしたり、新しいアイテムをすすめたりの糸口になります。

販売員の質問は、

「その答え、気になりますね。もっと聞かせてください」

という態度につなげたいものです。ぜひこの姿勢を忘れないでください。

理由を話せば、質問をしても不思議そうな顔はされない

それでは、「さあ、質問しよう」と思ったところで、一体どうすればいいでしょうか？

自然に質問をするのは、販売員にとって欠かせない技術です。

唐突に質問をすると、お客様から「なぜその質問をしたの？」と怪訝《けげん》な顔をされます。

また、唐突な質問は、「買わせようとしているな」「急に悩みを言えと言われても……」と、お客様を警戒させます。

その上、販売員には時間もありません。

限られた時間や早く話の中核に触れたい時、スマートに会話を質問につなげるにはどうすればいいでしょうか？


先日、アクセサリーの接客を受けました。販売員から唐突に、

「金属アレルギーですか？」

と聞かれたのでびっくりし、とっさに、

「はい」

と答えてしまいました。

その後販売員から金属アレルギーになりにくい素材についていろいろと説明されたのですが、

「私、本当はアレルギーじゃないんだけどな……」

と思いながら、最後まで提案を聞かされたのでした。

接客の、最初にする質問が唐突だと、この例のようにお客様が正しい返事ができないことがあります。

突然話が始まるので、

「聞いてなかったけど、わけもわからずとっさに答えちゃった」

「とっさだったので、接客を拒否しちゃった」

というようなことも起こることがあります。

それは、お客様にとっても、販売員にとっても残念なことです。

ですから、必ず質問の前に、「前置き」を置いてください。したい質問に関する前置きです。

先の例だと、

「これは金属アレルギーの方でも大丈夫な素材です」

と前置きしましょう。

そのあと、「お客様は金属アレルギーですか？」と聞くとスムーズです。


美容院でカットをした時の話です。

美容師から、

「今つけているピアス、かわいいですね。普段から大きなピアスが多いですか？」

と質問がありました。

「はい、けっこう多いですね」

と答えると、

「そしたら、耳元が出たほうがいいですよね」

と言われ、耳元を出すヘアスタイルを提案してもらったのでした。

実に自然な流れです。


自然に質問するには、前置きです。

あらかじめ外見を観察して、質問のポイントを決めておくと、前置きがしやすくなります。

「お仕事帰りですか？」は使わない

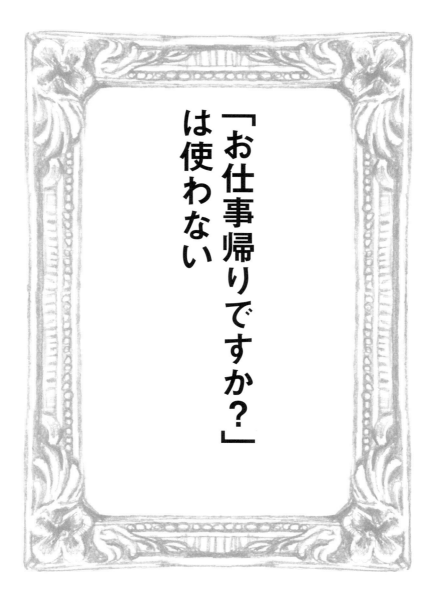

夕方にお店へ行くと、

「お仕事帰りですか？」

「今日はお休みなんですか？」

と聞かれたことはありませんか？

これらは会話のきっかけとしてよく用いられる言葉です。


しかし、この言葉は禁止してください。

話が弾まない代表格です。


フリーランスの仕事をしている友人の話です。

美容院へ行ってシャンプーをしてもらう時、

「今日はお休みなんですか？」

と聞かれました。

「まあ、そんな感じです」

と話すと、

「そうですか」

とあとが続きません。

この「今日はお休みですか」は、実は少しプライベートに踏み込みすぎる質問です。答えづらいお客様もいるだろうし、接客する側も、

「これ以上質問していいのかな？」

と判断に困る場合が出てきます。

この「お仕事帰りですか？」以外にも、「今日は何をされていたんですか」「今日はこのあとどうされるんですか」など、昔から使いまわされている定番があります。これらは、もう時代に合わなくなった言葉です。

お客様に雑談を持ちかける時は、答えやすい質問にしましょう。

答えやすい質問とは、目の前でふたりともが確認できる質問です。

例えば、お客様が身につけているものについて褒める、外がざあざあと雨が降って

いたら、天気について触れるなど、**目の前で起こっていてお互いが視覚で確認できるものがベストです。**

私がよく行く美容院では、私が身につけているものを話題にして雑談がスタートします。

美容師「すてきなネックレスですね。どこで買ったんですか?」

私「近所の駅前です」

美容師「ご近所に素敵なお店があるんですね」

といった感じで、そのあとはどこで普段買い物をするかで話が盛り上がりました。

その時の状況にあわせて雑談ワードを選ぶので、毎回会話の内容を変えることができます。

ふたりともが話しやすい、目の前にあるものを話題にすると気遣いが無用になります。

試着室から出てきた
お客様には
「いかがですか」
と言わない

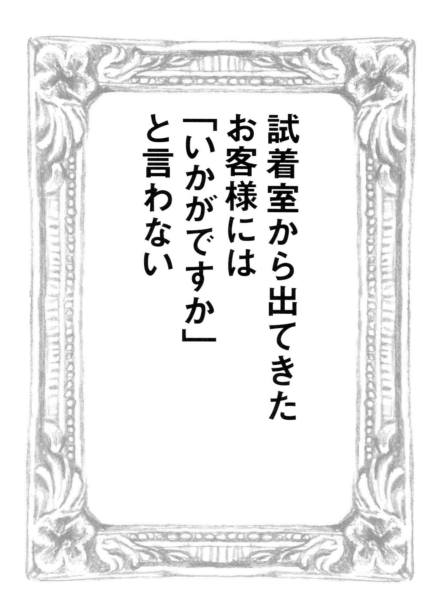

洋服の試着や化粧品を試すなど、お客様に実際に試してもらうことは、満足して商品を買ってもらうための絶好の機会です。

しかし、お客様が試したからといって絶対に売れるわけではありません。その際の接客次第では、信頼感がガタ落ちし、冷たい空気にしてしまうこともあります。

そして、試着後に使ってはいけない言葉は「いかがですか」。

よく使われるこの言葉ですが、これは危険な言葉です。

気をつけましょう。

もし、あなたが試着室に入り、その商品が何となく気に入らなかった、あるいは購入しようかまだ決め手に欠けている場合があったとします。

その時、販売員の人から「いかがですか？」と聞かれたら、なんと答えますか？

おそらく、言葉に詰まってしまう人が多いのではないでしょうか。

「いかがですか」はお客様が考えて答えなければいけない質問です。

試着室から出たり、メイクを試したりしたあとは自分なりに使用感を整理している時です。そのように考え事をしている時に突然答えを求められたら、なんと答えたらよいかわからなくなります。

面倒に感じて、「ちょっと考えます」といって商品を返されることだってあります。

それでは、どのように話しかければ、お客様は答えやすいのでしょうか。


先日、とあるインテリアショップでソファに試しに座りました。その時、

「もう少し柔らかいほうがいいとか、好みはありますか？」

と聞かれました。

私はソファで座り心地を確認しながら、

「そうですね、もうちょっと柔らかいほうがいいです」

と答えました。

この例でとっさに答えられたのは、答えが二択だったから。

二択の質問は、とっさに答えやすいのです。

他にも、試着室から出てきたお客様に、

「（短い丈が嫌とおっしゃっていましたが）着てみてイメージ通りの丈でしたか？」

「（試着前に気にしていた）肌に当たってかゆいなどありませんか」

「お腹まわりなど、ゆるいところはありませんか？」

など、「はい」か「いいえ」で答えられる質問にしましょう。

メイクをしたお客様には、

「肌にのせてからの印象は変わりましたか」

美容院のシャンプーの時は、

「お湯は熱くありませんか？」

「このくらいの力加減でよろしいですか？」

など、二択になるように工夫してみましょう。


ただし、二択は返事が「はい」か「いいえ」で終わってしまいます。

つまり、その後会話が必ず続かなくなります。

ですから、お客様の質問を受けて会話を必ず広げられるように心構えをしておきましょう。

例えば、

「着てみて丈はイメージ通りでしたか？（二択）」

の後には二択にならない質問をしましょう。

このあと、

「普段はどんな丈のスカートを履くことが多いですか」

「いつもは、いろんな丈が多いですね」

「いろんな丈をお持ちなんですね。例えば、どのような……」

というように会話の幅を広げていくことができます。

質問とは、つい、販売員が聞きやすいことを聞いてしまいます。

それが接客の幅を狭めているのです。

「お客様が答えやすい」という視点から質問をすると、新しいスキルが身につくはずです。

沈黙させたくないときも「質問」は使える

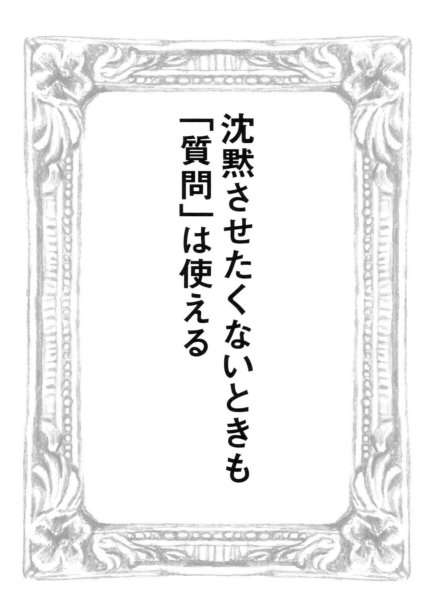

販売員が最も恐れていることといえば、接客中の気まずい沈黙でしょう。

商品提案のネタがなくなった瞬間のシーンとした空気。

そして、そのあとに訪れるお客様からの、

「……他も見てからまた来ますね」

の一言。

つらい状況です。


ここでは、沈黙させたくない場合の質問法をお教えします。


私は昔、お客様が「いらない」と言い出すのが怖くて、なんとか会話を途切れさせないよう、商品提案から自分のことまで一方的にまくし立てていました。

しかし、お客様はいつもつまらなそうにするか、気を遣って私の話を聞いてくれているかどちらかです。

さらに焦った私は、自分の持っている知識を総動員して、なんとかして会話をつなげようとしていました。

実は、こういった一方的に話す販売員が、いちばん沈黙を起こしやすいのです。

確かに、自分が話している間は沈黙にはなりません。

しかし、人からの話を黙って聞いているお客様は退屈です。

自分が話し終わったあと、相手から会話は出ず、沈黙に終わります。


では、どうやってお客様から会話を引き出せばよいでしょうか。


その答えは、「質問」を、「絶対にYESと返ってくるような質問」にしましょう。

「このベッドは下の引き出しに収納力がかなりあります。収納スペースはあったほうがいいですよね？」

というような感じです。

ポイントは、こちらが「良くて当たり前だろう」と思うことを、逐一確認すること。

こうすることで、お客様が必ず会話に参加してくれます。

その商品のいい点も伝わりやすく、お客様が購入しようかどうか判断しやすくなります。

販売員が一生懸命話しているのを遮るのは、お客様にとってとても難しいものです。

かといってお客様を質問攻めにしてしまっても、責められているような気持ちにさせてしまいます。

しかし、「ですよね？」と確認をしていくと、お客様は負担なく答えやすいです。


沈黙が怖いからといって、一方的にこちらから話をしまくるのはやめましょう。

その代わり、商品の話をしながら確認のお伺いを立てると、お客様も会話に参加しやすくなりますし、商品の良さも伝わりやすくなりいいことだらけです。

接客とはお客様と販売員の双方の会話で成り立ちますので、お互いが話せるような環境づくりをすれば、沈黙はなくなります。

お客様を顧客にするための質問は3つ

お客様が顧客（リピーター）になってくれれば、販売員は気兼ねなくジャストなものをご提案できます。おつき合いが長い分、パーソナルデータがよくわかるからです。どんな生活をしているか、どんな体型か、どんな好みなのか……。それらを熟知しているからこそ、自信を持って能動的に商品をすすめられ、よく買っていただけます。

お客様が顧客になってくれる時、販売員は、必ず以下の3つを知っています。言い換えれば、この3つの質問がきちんとできて、そのお客様の答えに見事に対応できた時、お客様が顧客になってくれるのです。

「クローゼットにはどのような服があるのか（今持っているものは何なのか）」
「今まで着て失敗したものは？（今まで買って失敗したものは？）」
「どんな生活スタイルなのか」

です。

これらは、顧客になってもらわなくても、質問できれば必ずいい接客になります。ぜひマスターしてください。

お客様を顧客にするには①
「今持っているものは何なのか」を聞き出す

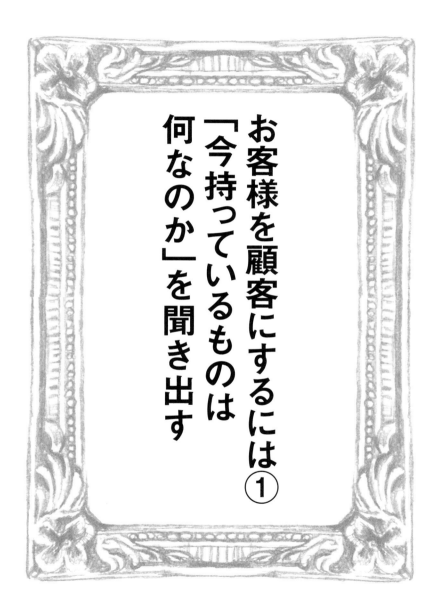

まず、お客様を顧客にするために聞きたい最初の一歩は、

「クローゼットにはどのような服があるのか（今持っているものは何なのか）」

です。


これを聞き出すのは、手持ちのアイテムと合わせるものをご提案したり、お客様が持っていないものを把握するためです。

お客様が今手に購入しようか迷っているアイテムなどとからめて、

「どんな色のトップスが多いですか？」

「スカートの丈はどのようなものをお持ちですか？」


など、具体的な質問をしながら、何を持っているかをハッキリさせていきましょう。

中には、質問をしてもすぐ出てこない場合もあります。その時は、内容をどんどん具体的にしていきましょう。例えば、

「1週間の中で、よく着る服は何ですか」

「3ヶ月以内に買った服はありますか」

「朝出かける時に、つい手に取ってしまう服はどんな服ですか」

などです。また、

「よく着る色はなんですか」

と聞くと、

「何でも着ます」

という場合もありますが、それは信じてはいけません。何でも着る人はいません。

そういう時は、

「例えば、着ない色はありますか。蛍光色とか」

と、普通の人が選ばなそうな色を例としてあげると、それをきっかけに、

「そうそう、赤とか黄色は着ないです」

と抵抗がある色を聞き出すことができます。

「じゃあ、青など寒色系が好きですか?」

などとつなげて聞き出しましょう。

お客様を顧客にするには②「今まで買って失敗したもの」を聞き出す

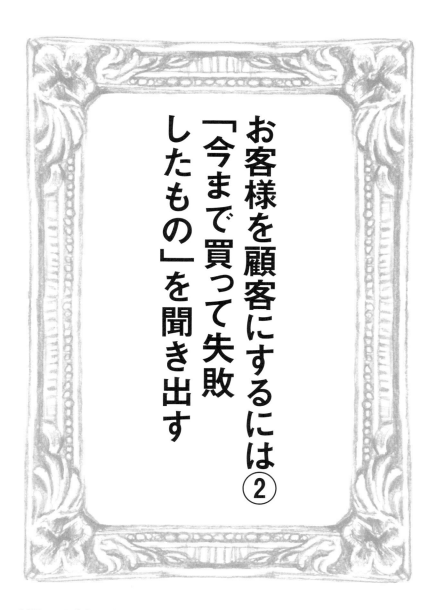

次に、

「今まで着て失敗したものは何か」

を聞きましょう。

これは、

「似合わないと思いこんでいるものの悩みを解消すると、お客様に強く感謝される」

「似合わないと思っているものの中にも意外に似合うものが多い」

ためです。

どうしてそのような考えになったか、経緯を伺っておくと商品を提案しやすくなります。

「スカートをお召しにならないのは、広がってしまうからですか？」

「赤色を避けてしまうのは、着まわしにくいと思っているからですか？」

「アキが広いトップスが嫌なのは、屈んだ時に見えてしまうからですか？」

「シャツを着ないのは、制服っぽくなるからですか？」

「パンツにインしないのは、お腹が出ちゃうからですか？」

「スキニーを履かないのは、足が太く見えるからですか？」

など、失敗したアイテム名を聞くだけで、かなりの悩みが推測できます。

これは、これまでにお伝えした「お客様の悩みを知っておく」と同じです。

常日頃から、さまざまな悩みに敏感になっておきましょう。

これらの推測できた悩みから、広がりにくいスカートや、派手な色のアイテムの着まわし方を商品説明としてお伝えしましょう。お客様の悩みを克服できます。

あなたへの信頼感がたいへん高まるでしょう。

お客様を顧客にするには③
「どんな生活スタイルなのか」を聞き出す

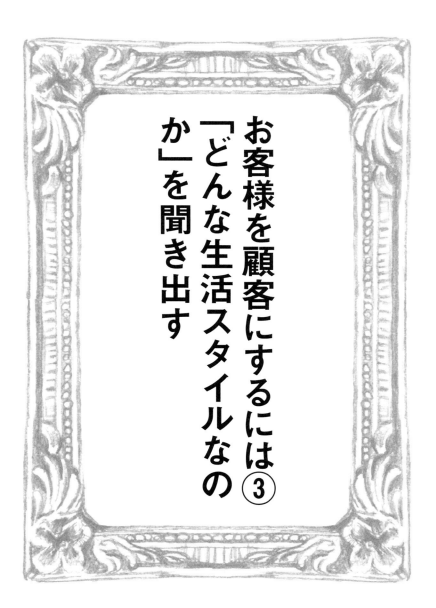

「どんな生活スタイルなのか」を聞くのは、いくらお客様にお似合いでも、生活スタイルに合わなければ着こなしたり、使いこなすことはできないからです。

極端な例でいうと、主婦のお客様にスーツをすすめても普段着ることができませんよね。

「会社のドレスコードはありますか?」
「子供と外で遊ぶことは多いですか?」
「車(自転車)に乗りますか」
「通勤時は満員の電車に乗ることが多いですか」
「仕事で外回りは多いですか」

など、具体的な質問をしてみましょう。

これまでの2つの質問の仕上げのような感じです。

これで、提案した商品を、どのようなシーンで使えるか接客できます。

質問した上で、その答えに応じた商品説明ができれば、お客様の満足度があがり顧客になる可能性も高くなります。

これまで紹介をした商品説明の力を磨いて臨んでください。

第5章

とっさに使える接客ワードを丸暗記しておく

フェアの時に連呼するのは
「せっかくだから」
「もったいないので」

お店では、ポイントカードのダブルポイントや、2点で10％オフなどのフェアをやることもあるでしょう。

しかし、POPやポスターをこれでもかというほど貼り、声を出しても、お客様は意外と気づかないもの。

よくあるのが、レジでの、

「お客様、あと1点買うと10％オフになりますが、いかがですか？」

「え？　そんなことやってたの？　でも、（もうめんどうくさいから）いいわ」

という会話です。

すでにレジへきたお客様に割引になると伝えても、意味がありません。さらに買ってもらうのは、かなり難しいでしょう。

私たちにとってフェアをする意味は、

「2点で10％オフになる。だからいつもよりたくさん売ろう」

という薄利多売を狙っていることです。

もとから購入するものがただ安くなるのでは、フェアの意味はありません。

レジに来る前のお客様に「あと1点買ってみよう」と思ってもらうためには、どうしたらよいのでしょうか。

ポイントは、タイミングと魔法の言葉です。

まず、その言葉の前に、その言葉を言うタイミングを知っておきましょう。

それは、お客様が買う商品を決めるか決めないかのクロージングの時にかかっています。

あるフェア中のお店で、私が試着した時のことです。

「お客様、今2点以上買うと10％オフのフェアをやっているんです。せっかくなので、こちらも購入されると良いと思います」

あとから販売員がすすめてくれた商品があり、私はそれを買おうか買わないか悩んでいましたが、安くなるならばと購入することに決めたのでした。

このように、効くのは「せっかくだから」という言葉。

他にも、

「もったいないので」

「こういう機会なので」

という「今、まさにお得ですよ」と、買うべき時だということをアピールするのです。

最終決断の時にこのセリフを言うことができれば、買ってもらえる可能性が高くなります。

ここでは、「どうしますか？」と曖昧な言葉を投げかけるのはやめましょう。

「私は買っておいたほうが良いと思います」

という意思を伝えることも、セール中のクロージングには効き目抜群です。

ぜひ、真顔で言うことを忘れずに。

「さらに」「ますます」を忘れない

商品提案をする際、

「上品に見えます」

「大人っぽくなります」

など、その商品を使うと、どう良く見えるかを話すこと、ありますよね。

そんな時、こちらは褒め言葉として使っていても、知らず知らずのうちにお客様を嫌な気持ちにさせている言葉があります。


ある30代前半の女性が美容院でどのような髪型にするか、美容師と話をしていた時のことです。美容師は女性の髪を触りながら、

「こちらに少しハイライトをいれると、若々しくなります」

「少し軽くしたほうが、若々しく見えます」

と「若々しい」を連呼したらしいのです。

「若々しい」という言葉は、本来、若い人には言わない言葉です。

その美容師が年下だったこともあり、女性はそのことで、

「おばさんだと思われたんだろうな」

と思い、自分の容姿にすっかり自信をなくしてしまいました。

「ほっそりして見える（ようになります）」

「優しい印象になります」

といった言葉は、実は危険です。

言い方に気をつけないと、受け取る側にとっては「今はそうじゃないんだ」と思われることがあるのです。

だから必ず、一言つけ加えましょう。つけるのは、

「さらに」

「ますます」

「より」

です。

これだけで、

「今もそうだけど、さらに良くなる」と言う印象を与えられるので、現状を良いイメージにとらえていただきながら説明することができます。

商品を説明している時の悪気のない言葉は、もし本人が気にしていることだったら、

特に傷つくもの。

必ずつけ加えるのを忘れないでください。

先日、化粧品の接客を受けました。

その美容部員は私に口紅を塗りながら、

「お客様のお顔色が、よりパッと明るく見えますよ」

とニッコリ。

「最近疲れていたから、顔色が明るく見えるのは嬉しいな」と思い、その口紅を購入して帰りました。


ただし、明らかにふくよかな方に対し「さらに、ほっそりします」などと言うのは、嫌味になるケースもあります。

そういう場合は、「他のお客様の感想」に置き換えて話しましょう。

「『ほっそりした』と感じる方も多いようですよ」

などというと柔らかくなります。

自分が言われたらどう思うかな？　という視点で、言葉を使っていきましょう。

心で思っていても
ひとつだけ言っては
いけない言葉がある

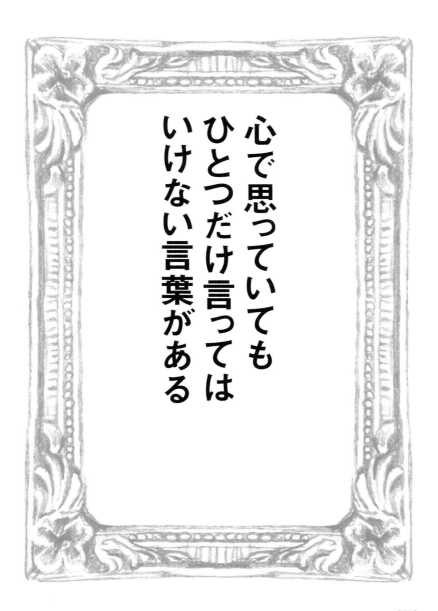

これまで、お客様のためには、自分が考えていることを正直に話し接客をすると、結果喜ばれるとお伝えしてきました。

しかし、ひとつだけ、自分がそう思っていたとしても、絶対に言ってはいけない一言があります。

それは、商品について。

人気のない商品は、店の都合でストックにしまうこともあります。

これらは、販売員から見て「微妙」「人気のない商品」だと思われたからこそストックに戻す商品です。これらストック商品をお客様におすすめする時は、人気がないと思っていることをおくびにも出さないようにしてください。

商品価値は、お客様が決めるものだからです。

販売員が価値を押しつけるようなことは、あってはなりません。

ある日、私は、帽子の色違いを倉庫から出してもらいました。

しかしそれは、明らかに、ぱっとしない色でした。ですので、第一印象で「その色はないな」と思っていたのです。

しかしその販売員はニコニコしながら、

「通好みな色ですよね。お客様に似合いそうです」

と言います。

「通好み」と聞くと、悪い気はしません。

私は第一印象とは裏腹に、その色が気に入り、結局購入して今もお気に入りとしてよく使っています。

反対に、「微妙なんですけど」といった表情で接客されたらどう思ったでしょうか。

あるいは「お好きじゃないかもしれないですが」という言葉がついていたとしたら。

きっとお客様は「この商品、人気ないのかな」と敏感に感じ取るでしょう。

例え自分が好きではなかったり、人気のない商品でも、すべての商品を肯定的にとらえてください。

お客様に喜ばれる一言が伝えられるようになります。

こういう時に役立つ言葉は、先ほどの例のように「通好み」でもいいでしょう。

他にも、

「おしゃれな方が好まれます」

「珍しいデザインですよね」

「お客様のようなスタイルのいい方だと着こなせます」


など、商品のオンリーワンの価値を高めるような一言がおすすめです。

もし褒め言葉を使うのがわざとらしいと思う人は、

「こちらの商品は、今持ってきたものと合わせて3色です」

「素材は◯◯です」


など、その商品の事実を話すとよいでしょう。その商品の価値を下げるようなことをあえて言う必要はありません。

商品によっては、後ろめたく申し訳ない気持ちになることがあるかもしれません。

しかし、それはお客様にとってもそうでしょうか。

自分の否定的な感情をつけ足す必要がないことを覚えておきましょう。

ファンを作るのは「帰り際の一言」

なぜか忘れられなくなる販売員がいます。

その秘密は、帰り際の言葉。

お客様を出口までお見送りした時に話すちょっとした一言が、何よりも自分のファンを作るのです。


帰り際の定番の一言と言えば、「お出口までお見送りします」ですね。

そのあと、大抵の販売員はニッコリと笑い「ありがとうございます。またお越しくださいませ」と続けます。

これをやめてみましょう。

実はこの言葉は「誰にでも言っている決まりの言葉なんだな」と思われ、大して心に残らないからです。

かと言って、何か難しいことを言う必要はありません。


ファンの多いある店長が、お客様の帰り際にかける言葉です。

お客様を出口までお見送りし、

・「今日は、楽しかったです」
・「またお会いしたいです」
・「お客様にぴったりのものが選べて嬉しかったです」
・「後日、この服をどう着ていただけたか知りたいです」
あるいは、会話中に話していたことに引っかけて、
・「私もその映画見てみたいです」
などと伝えています。

これらは、人によって言葉を変えています。

そして、大切なのが、このなにげない言葉を、彼女が心底嬉しそうに伝えていること。

こうすると、「この人に選んでもらえてよかったな」「この販売員のために、良いことをしたな」という、個人的な交流が生まれます。

一言だけでいいのです。自分の気持ちを自分の言葉で伝えられるようになりましょう。お客様に気持ちが伝わります。

また、先ほど並べた言葉が、2種類あることに気づいたでしょうか？

実は、お客様が「その接客を受けて良かった」と思う理由は2つです。

ひとつは、いい買い物ができた、つまり「自分が良い経験をした」ということ。

もうひとつは、「お客様が販売員のために何かをしてあげた」という気持ちです。


忘れがちなのが、特に2つめです。

販売員は、自分がお客様の役に立つことばかりを考えがちですが、「相手に、何かをしてもらう」逆の行為が親近感を生むのです。

双方向の関係が生まれれば、いい関係が生まれます。

特に、年下の販売員をお客様は「育てている」という気持ちを持っていますので、それを感謝されたということがとても印象に残ります。

これら2つのどちらかに当てはまる言葉を、お客様に気持ちが伝わるように話せば、お客様の心に残りファンになってくれます。

そして、それを伝えるのにいちばん最適なのが、帰り際なのです。

帰り際は、お互い強い印象が残るシーンです。

相づちを磨けば信頼を感じさせられる

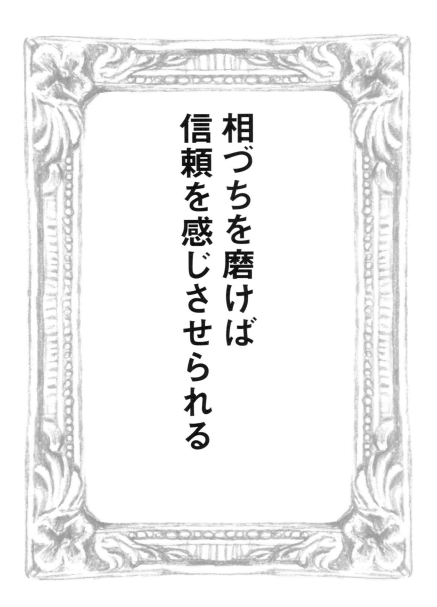

日々売場にいるとひしひしと感じる、接客を受けるのが苦手……むしろ嫌い！　というお客様が多いという事実。

なぜ、そんなに接客が嫌いだと感じるのでしょうか。

あるアンケートによると、

「勝手に商品についてまくしたてられる」

「聞いてもいない話を一方的に聞かされる」

という回答が上位をしめていました。

つまり、販売員との間に信頼関係がなく、納得して商品を買ってもらえていないということ。

信頼感とは、もちろん「商品説明」がいかにできるかです。

ただし、接客の最中の小さな態度にも、「この人は信頼できそうだな」と感じさせるものがあります。

それが、「相づち」です。

顧客数が社内1位の同期がいました。彼女は取り立ててよく話すとか、美人などというわけではありません。

ただ、彼女と話をしていると、つい気分良くいろいろなことを話してしまうのです。いつも接客を受けたいというお客様が大勢いました。

つい気分良くしゃべってしまう理由が、とにかく相づちがうまいこと。お客様も、知らないうちに気分がのってきて、いつのまにか聞かれていないことまで話していると言います。

彼女の接客の特徴は、お客様のほうが話している時間が長いことでした。

他に、特別なことはしていません。

相手が話してくれれば、話してくれるだけ情報が入ってきます。その情報を元にお客様にぴったりの商品をすすめるから、よりお客様も満足していました。

相づちは、実は多くの人が単調になりがち。いちばんの基本は、

「そうなんですか」

「へぇ」

ですが、これだけでは長続きしません。

もうひとつ、相づちに増やしたいのは、相手を褒めるものです。

・「それは良いことを伺いました」
・「私にはない視点でした」
・「すごい！」

といったものです。

そして、その相づちを打つ時の根本で押さえておきたいのは、「本気の相づち」にすること。

こうしないと、お客様の心は開かれません。

しかし、これはそんなに難しいことではありません。

あれこれ考えず、まずはお客様の話をじっくり聞いて、面白そうなところに合いの手を入れるだけです。そうすると、自然に心がこもります。

基本の「そうですか」「へえ」の他に、褒める相づちを増やしてみましょう。

相手が話していることをきちんと聞かなければできないので、会話に今よりももっと耳を傾けることができます。

頭が真っ白になった時
「先ほどもお伝えしたのですが」は使える

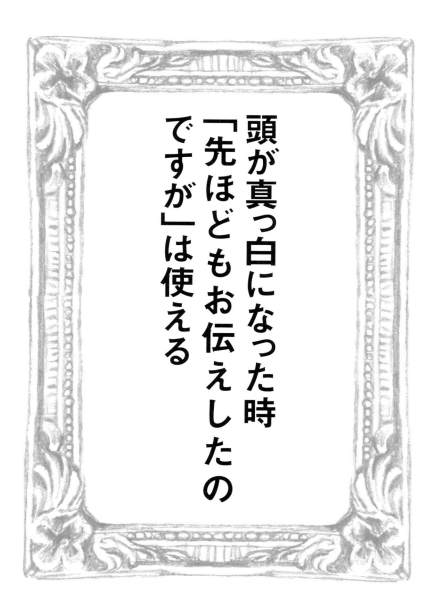

接客に慣れないうちや苦手なお客様の場合だと、「とっさに何を言えばいいのかわからない」ということがありませんか？

頭が真っ白になって同じことしか繰り返せなくなることがあります。

そんな時は、まず落ち着くのが一番です。とはいえそれができない場合は、急場をしのぐ言葉があるのでぜひ覚えておきましょう。

「またこの人同じこと言ってる」、そうお客様に思われることなく、しかも「良いことを聞いた」という空気に変えられる言葉です。

それは、「先ほどもお伝えしたのですが」。

これを言うだけで、さっき言ったけれど、でも大事だからあえてもう一度言うよ、という意味が込められます。

「重複してしまうのですが」

でもOKです。

新人の頃、店長に「このパンツ履き心地がいいから」と教えられた商品がありました。

私は接客も同じことを繰り返し言うことで失敗していたのですが、ここでも頭が真っ白になってしまいました。

「ああ……もう話すことがない。でも沈黙しそうだ」

と焦り、

「先ほどもお伝えしたのですが……本当に、履きやすいんです」

と伝えてみました。

すると、お客様は、

「そんなに履きやすいなら、履いてみようかな」

と言い、みごと試着室にご案内することができました。

困った時は、ぜひ使ってみてください。

去り際に次があることを必ず匂わせる

お客様に何度もリピートしていただくかどうかは、売上を大きく左右します。

そのために大事なのは一体何でしょうか?

もちろん、「接客技術」ですが、実はそれよりももっと大切なことがあります。

それは、お客様に、

「また接客させてください」

という気持ちを伝えること。

「そんな簡単なこと?」

と思うかもしれません。

でも、この一言には大きな威力があります。


先日、とある友人が長年通ったエステサロンに通うのをやめました。

いつも施術をしてくれていた人が、退社してしまった後も数回通ったのですが、「何となく歓迎されていない気がするから」やめてしまったそうです。

友人曰く、

「前の担当者さんは『肌が乾燥してきていますね。次回はパックをしてみましょうか』

など、これからも面倒をみてくれるんだなーって思えて嬉しかったの。でも今回の担当さんはそれがなく、『ありがとうございました』で終わってしまうんだよね」

と言うのです。

おそらくスタッフとしては、お客様との距離感を掴みきれず「サービスの押しつけ」と、とらえられるのが怖かったのかもしれません。

このような時、目安になるのが、前に出てきた外見観察です。

この友人は、「以前のスタッフから感じた特別感がない」という不満を行動に表していたはずです。

「次にどのように肌が変わっているか楽しみですね」

「また次回も◯◯させてください」

などと言われれば、喜んでそのエステサロンを利用していたのでしょう。

皆さんは、その日接客したお客様へ「また会いたい」気持ちを口に出していますか？

顧客の多い販売員は、必ず、お客様の去り際に次回があることを匂わせて別れるようにしています。

ある販売員は、入社たった1年目にしてお店一番の顧客を持っています。

なぜそのようにリピーターが多いか聞くと、こんな答えがありました。

「私、接客のあと、お客様がどうされているかとても気になるんです。

なので、

『今度、お友達の反応を教えてください』

『実際どのくらい着まわせたか教えてください』

など、次回また会いたいっていうことを必ず伝えています。

そこで『また来ます』って答えてくれるお客様ってリピートしてくださるんです」

そう話しているのを聞いた私は、この販売員はお客様との出会いを大切にしているんだな、と感じることができました。

こういう気持ちは、お客様にとっても嬉しいはずです。

「せっかく会ったのだから、これからもずっと接客させていただきたい」

という思いをストレートに伝え、気持ちがお客様に通じたからこそ、この販売員には大勢の顧客がついたのです。

そういう気持ちが伝わる言葉には、他にも、

・「来月、またお似合いになりそうな商品の入荷があります。ぜひコーディネートさせてください」
・「次回お会いした時、髪質の変化を拝見させてください」

などがあります。

シンプルに「またお会いしたいです」でもよいでしょう。本当に会いたい気持ちが伝わればOKです。

ただ接客をしているだけでは真心は通じません。「またお待ちしております」という言葉を、いつもの決まり文句にするのではなく、「お客様とお話できて楽しかったです」という心からの気持ちを届けましょう。

皆さんの気持ちが届けばきっと、再来店につながるお客様が増えていくはずです。

何も買わないお客様だからこそ、最上級の「またお越しくださいませ」を

お客様が店を出る時の決まり文句、

「ありがとうございました、またお越しくださいませ」

という言葉。

この言葉は、たとえお客様が何も買わなくても、必ず心を込めて言いましょう。お店の好感度を底上げします。


ある友人が服を買おうとお店に入って接客をされましたが、どうしてもピンとくるものがなく、購入に至りませんでした。その後、出口付近でまだ他のものを見ている時、その接客した店員が間髪いれず、

「ありがとうございました、またお越しくださいませ」

とあいさつしてきたのです。友人は、買わなかったからその販売員の機嫌を損ねたのかと、怖くなってそのまま売り場を出ました。


お客様は、何も買わずに出る場合は、結構気にしているものです。

特にマニュアル的な対応は「イヤミ」「怖い」と、とらえる人が多いでしょう。

買わなかったお客様にも丁寧なあいさつを心がければ、お店自体の好感度が高くなり、次回の来店にもつながります。

「ありがとうございました、またお越しくださいませ」のポイントは、**まだ商品を見る可能性がある場所、つまり店内では言わないようにしましょう。**

お客様が出口をまたぐ瞬間、それがお客様にあいさつするタイミングです。

お客様が出口に向かって歩いて行く途中は、絶対に避けてください。

商品に興味を示す可能性があります。

また、声に表情をつけることも大切。声を出す時に軽く会釈をすると、感謝の気持ちを声に反映しやすくなるので、必ず動作をつけましょう。

お客様が売場を出る時のあいさつは、優しく柔らかく、感じよくを心がけましょう。

接客をしていてもしていなくても、その時の販売員の印象は深く残るものです。

出口をまたぐ時のタイミングと言い方を意識すれば「あのお店は良いお店だった」という印象を与えることができるでしょう。

販売員は雑学王であるべき

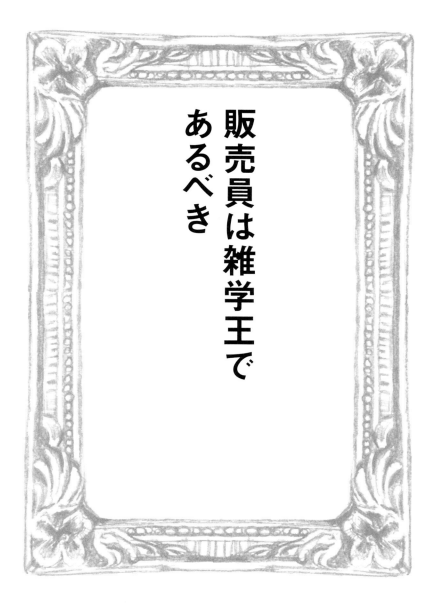

接客は技術であり、お客様の悩みを解決することが大切だとお話ししました。そのための質問と商品説明です。

しかし、トークに「質問」「商品説明」以外の話、つまり雑談は必要ないのでしょうか。

ある売れっ子販売員は、とても雑談が上手です。

彼女には顧客が大変多く、いつも顧客が彼女の接客を待っています。

彼女の持ち味は、お客様への返答が面白いことです。

商品説明が的確なのはもちろんなのですが、それにプラスして、なんとも気持ちのよいリアクションをします。

どんな話題でも「え、それって◯◯ですか？」というように、話に必ず切り返しがあります。

雑談を持ちかけるのは、主にレジです。

お客様が手持ち無沙汰になる時に雑談をします。

「今日は鞄が大きいですね。どちらにお出かけだったんですか」

などと質問をすると、大抵のお客様は返事をしてくれるそうです。

「あ、お出かけは○○駅でしたか。あの辺には○○っていうおいしいパン屋さんがあるんですよね」などと必ず話が広がります。

いろいろ知っている人との会話は、楽しいものです。

雑談が上手なほうが、印象深くなります。

「雑談が上手」とは、やみくもに話しかけるということではありません。

彼女のように、さまざまな雑学を知っていると、雑談が上手になります。

一見、お客様には必要がないと思われがちの雑談。

しかし、雑談は上手なほうが絶対にいいのです。

雑談をするためには、他の販売員と同じことを言ってもあまり意味がありません。

また、自分のお店が扱っているジャンル（「ファッション」や「メイク」など）だけ詳しくても意味がありません。

どんなことでもたくさん知っている、というのがポイントです。

お客様に「この人なんか違う」と思っていただくためには、情報をたくさん知っている雑学王を目指したいところです。

雑学王になるのは、そんなに難しいことではありません。

テレビを見ていて、思わず「へえー」と言ってしまったことはメモをしてみる、雑誌で行きたいと思った場所（レジャー施設やレストランなど）があったら、携帯電話で写真を撮っておく、などしましょう。

お客様との会話も大きな情報源。

知らない店の名前や語句、知らない芸能人、場所など、わからないと思ったワードは接客のあとに検索します。

知らないことをインターネットで調べるだけでも大きく違います。

自分が「知らないな」「この人は、そんな生活しているんだな」など、自分と違って面白い！　と興味を持ったことはそのままにしないようにしましょう。

本はもちろん、小説やタウン誌、ファッション誌のカルチャー欄なども読んだりして、どんどん知識を仕入れていきましょう。

時間がなければ、見出しだけを読むだけでもかまいません。

また、仕入れた知識を忘れないようにするためにはアウトプットも欠かせません。SNSに投稿してみてもいいですし、スタッフや友人など身近な人たちに話しても良いでしょう。

これらは、必ずトークで使うわけではありません。一方で「とっさに出てくる」話の背景に知識があると、お客様にも面白さが伝わるはずです。

また、雑談が得意な雑学王は、お客様の生活背景を察知することにも優れています。

「この時間に仕事が終わるということは、仕事後にオフに切り替えられる服があると便利なはずだな」

など、推測上手なのです。

こういったことは、商品を提案する際の参考にもなりますよ。

第6章

顧客はできた時からが勝負

顧客は
できた時からが
勝負

定期的に来店してくれて、売上をあげてくれるのが顧客。大切な存在です。
これまでお伝えしてきたことを元に接客をしていけば、必ず顧客ができるはずです。
しかし、顧客ができただけで喜んではいられません。
お客様が少し気に入ってくれたからといって、大したこともせず待っているだけでは、そのうちお客様は別のお店に行ってしまうでしょう。

顧客をつなぎとめておくために、私たちは大きな武器を持っています。

それが、顧客名簿です。

それがお客様の、

「さすが◯◯さん！　また来ます！」

になるのです。

顧客が多い販売員は、顧客がお見えになっていない時間にこそ、よく顧客のことを考えています。

それが、顧客名簿を見てお客様のことを思い出すこと。

「一日に5分だけでいいから顧客名簿を見てね」

と言われたことがある人もいると思いますが、それには意味があります。

例えば、商品が入荷した時は連絡のチャンス。顧客が好きそうなものだったり、足りない物を聞いていて、入荷したら教えてと言われていたものだったら、電話やＤＭなどで連絡するチャンスです。

ここで、顧客名簿をこまめにみておくと、おすすめしたい商品が入荷したときに見過ごしません。

例えば、ベッドリネンが入荷したとします。

顧客名簿を振り返っていれば、

「この間ベッドを買ってくださったお客様にぴったりだ。和モダンが好きとおっしゃっていたから、好みに合うはず」

といった感じです。


お客様が先日購入したもの、着ていたもの、持っていると言っていたもの、買わなかったけど気になったものを書き留めておくのも役に立つでしょう。体型やライフス

タイル、顔の特徴なども書いておきます。

交わした会話の内容をメモすることも良いでしょう。

それを見直しておけば、おすすめすべきものを掴むことができます。

また、詳しい顧客名簿があれば、お客様の顔や前回お話しした内容を思い出すことができます。お客様が通路の前を通った際、瞬時に反応したりなどもできます。顧客名簿の把握だけで、他の販売員と差をつけることができるのです。

閑散時間に、顧客名簿を見ながら、すすめる商品や組み合わせの接客トークを考えるのもよいでしょう。

お客様が来店した時に、何をどのようにすすめたいのか、それを完璧にシミュレーションするためお客様を思い浮かべるのです。

新しい商品が入荷した際、ＤＭや電話、メールでの連絡もより一層ピンポイントでご連絡できるでしょう。

お客様の休みを確認しておくと、より効果的です。

顧客ができたらそこからが勝負。顧客名簿を徹底活用しましょう。

顧客の顔を覚えられなければ、キーワードをメモする

「顧客の顔が覚えられないんです」という人がいます。確かに、個人ではなく、お店についている顧客が多い場合、ぱっと覚えるのは難しいかもしれません。

ここで、顔と名前を一致させるワザをお教えします。

とても簡単なので、困っている人はぜひ実践してください。

まずは、「顔を見る」ことです。

意外に、接客中はお客様より商品ばかり見てしまっていることがあります。

意識的に「顔を見る」ことを心がけてください。

しかし、どうしても顔が覚えられない時は、お客様の顔から連想したことで覚えます。

例えば、よくあるのが「友人と似ている人」。

自分の仲がいい人と似ていると印象が強いので覚えやすいですよね。

このような感じで、お客様の顔を見ながら「この方は◯◯っぽい」と連想しておくと、顔を覚えやすくなります。

さらに、「◯◯っぽい」ことと、名前をつなげて考えれば名前も覚えやすくなります。

例えば、桐山様というお客様の顔と名前を覚えるとします。

「この人の眉毛は点だな」→「柴犬みたい」→「桐山さんっていうところで飼っている柴犬」といった感じでつなげます。

お客様の顔を見た瞬間に「柴犬の桐山さん！」と思い出すのです。

ただし、どのような覚え方をしているかはお客様に絶対に知られてはいけません。もし顧客名簿などのメモ欄に書いた場合、お客様の前で見せないように厳重な配慮をしましょう。

DMは、DMではなく唯一無二の手紙

ＤＭを廃止したショップがあるそうです。一方で、ＤＭによりがっちり顧客の心を掴んでいるショップもあります。その差はなんでしょうか。

アパレルではない友人たちに、来たＤＭをどうしているか聞くと、大抵の人が「捨てている」と言います。

「皆同じようなことが書いてあるし、取っておいても意味がない」そうです。

確かに、一般的なＤＭの文面は、

「先日はありがとうございました。お買い上げいただいた◯◯はいかがでしょうか。◯日には新作も入ってまいりますので、またお越しください」

みたいなことが必ず書いてあります。これと同じ文を別の人に書いても違和感がなく、みんなにこれを送っているんだろうな、と思わせる内容です。

しかし、「私、ＤＭ取ってあるよ」という人がいました。

それを見せてもらうと、

「先日は◯◯様に教えていただいた映画、観てきました」

「今度お会いする時に◯◯のお話、聞かせてください」

など、その友人にしかわからないようなことが書いてあるのです。その人は、「こんなお手紙もらったら、なかなか捨てられないよねえ」と大事そうにしていました。

DMは、手紙だと思って書きましょう。

お客様ともう一度会いたいと思ったら、皆さんならどのような言葉をしたためるでしょうか。

自分の言葉で「先日は楽しかった」「今度は◯◯なことをしたい」といったことを書いてください。

オリジナリティを出すためには、接客中に話したことを必ず入れましょう。

DMはラブレターを書く気持ちで、と言われることがあります。

「会いたい気持ちを伝えたい」「気持ちを通わせたい」ということが共通しているのでしょう。

一般的なDMはありきたりな言葉が並び、書いた販売員のオリジナリティが見えません。DMを、ふたりの親密さを表す、唯一無二の手紙だと思いましょう。

新しい顧客が
できないのは、
販売員ぶっているから

「顧客様がこないと、売上が取れない」というお店があります。

顧客依存型のお店は、「新しい顧客」が作れないということでもあります。

何が原因なのでしょうか。

新しい顧客ができないことに悩んでいるショップがありました。

10年前に商業施設がオープンした時からずっとその場所にある、いわゆる古株のお店です。

店長はオープン時に新人スタッフとして入社した人なので、古い顧客がたくさんいました。

しかし、どうしても新しい顧客は増えません。

その理由は、新しいお客様に壁を作ってしまっていることでした。

以前からの顧客には「アレも似合います、コレもおすすめです」と言えるのに、新規のお客様には遠慮がちに説明するだけで接客を終えてしまうのです。

新しいお客様には、ぐいぐいとおすすめしづらいのでしょう。

しかし、顧客になってもらうためにはまず、

「これからずっとおつき合いをしていきたい」

という意志を伝えないことには始まりません。

顧客の多いお店は特に、

「私、初めてだけど、この店に入ってもいいのかしら」

という気まずい空気を与えているものです。


そのためには、やはり初心に戻って「お客様に質問し、ニーズを把握して、商品説明をする」ことです。

250ページを参考に、がんばってください。

第7章

お店の人間関係は風通しの良さから生まれる

販売員同士は仲良くなくてもいい

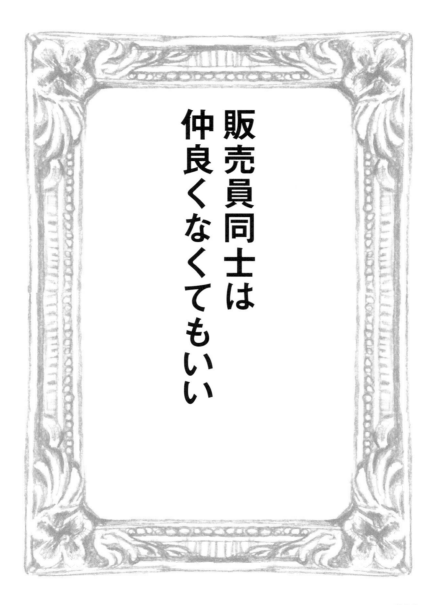

売上のいいお店には、人間関係の問題がありません。

そして、売上の悪いお店には、必ず人間関係の問題があります。

「個人の売上を誰がとったか」「店長が怖い」など、ささいなことが積もって仕事に集中できなくなるからです。

自分が仕事に集中できるように「お店の人間関係」を良くすることも知っておきましょう。

まず、お店のスタッフ同士、仲良くしなければいけないとはよく聞きますが、別にそんな必要はありません。

おつき合いしている彼のことを知っているとか、血液型まで知っているとか、そういうことではないのです。

友達と仕事仲間で求めることは違います。

特にありがちなのが、お酒を飲みに行くこと。

確かに、お酒を飲みに行くと、お互いプライベートなことも知ることができるでしょう。

しかし、そこでの話題で、仕事の問題が解決することはありません。

店長をしていた当時、私にはよく飲みにつれ出してくれる上司がいました。しかし、それで気を遣わない仲になったわけではありません。

そのときは売場のスタッフたちがその上司に対して感じている不満があり、私はそれをひしひしと感じていました。

反対に、上司が売場に対して感じている憤りもよく聞きました。つまり、双方の不満を知りながら、それを打ちあけて相談することができなかったのです。

正直に言うと、その人には仕事上のことを言いにくい空気があり、よく飲みに行っているにもかかわらず、私は最後まで、

「この人には、この問題について率直な相談をすると大変なことになるな」

と思っていました。

当たり前のことですが、仕事の問題は、職場でしか解決できません。

仕事上のパートナーとして信頼関係を築くことは、プライベートを知ることとは別

のことです。

信頼関係のために必要なのは、「風通し」です。

別の上司で、仕事の相談がしやすい人がいました。

プライベートな話はあまりせず、休日何をしているかもよくわかりません。

しかし、仕事の話になるとお互いの考えをよく伝えあいました。

「忙しい時間に本部が意味のない電話をよくかけてくるので、困っています」

といった、率直な問題も伝えることができました。

仕事に関して理不尽なことで機嫌を損ねたりすることがないので、風通しがとてもよかったのです。

職場の風通しをよくすることを、いつも心がけてください。

いちばん手っ取り早いのが、「仕事に関する雑談をすること」です。

「両替機、この時間混みますよね」

「あのお店の売れ筋、Aラインのスカートが置いてありました」

「このあいだ教えてもらった、ファーストアプローチのバリエーション、試したらうまくいきました」

など、仕事に関係することを、何気なくどんどん店長や先輩、同僚に言っていきましょう。

こうすると、あなたの仕事への姿勢も伝わりますし、この子はきちんと働いているんだなと信頼感も増します。

それに、何か問題が起こった時に周りに言いやすくもなります。

仕事仲間にとっていちばん大切なのは、「お互い仕事のことを正直に話し合い、すぐ連携が取れる関係を作ること」です。

問題が起こった時にすぐ対処できるのも、こういう関係があってこそです。

プライベートで仲良くならなくても、仕事仲間はできるのです。

優秀な部下は上司にOKだけを出させる

「新人が受け身で全然自分から仕事をしない！」とはよく聞く言葉です。

いつの時代も新人は「能動的に仕事をしなさい」と言われるもの。

「自分から仕事をする」というのは、どのようなことなのでしょうか。


ここで「能動的に仕事をしてほしい」と言う人の心理について考えてみましょう。

少し話がそれるのですが、ある共働き家庭の奥さんが、旦那さんの愚痴をこぼしていました。

「『お皿洗って』とか『洗濯物を干して』と言うとやってくれるんだけど、自発的には絶対しないのよ。毎回言うのは、とても疲れる」


「能動的に仕事をしてほしい」と言い出す先輩は、この奥さんの状態です。

ですから、部下から「何かやりましょうか？」と言われれば、大変助かるでしょう。

さらに言えば、向こうからやることを言ってもらうと、もっと楽です。

「何かやりましょうか？」

と聞かれて、「えーっと、何をお願いしようかな」と考えている時間も惜しいほど忙しいのです。

基本的には、「それお願いね」と上司にOKだけを出させる部下を目指しましょう。

それでは、自分が今までやったことがある仕事は、どのようなものがありますか？

どんな細かいことでも構いませんから、頭のなかで思い浮かべてください。

すでに経験していることは、自分の仕事にできます。

仕事とは「自分からやる」ことができて、ようやく仕事です。

誰かから指示を出されてするのは「他人の仕事のお手伝い」です。自分の仕事とは言えません。

自分からできるタイミングは、またやろうとしてできなかったタイミングも振り返ってみましょう。

「勝手にやったらかえって迷惑になる」と考えている人は、「やりましょうか？」と上司の指示を仰げる一声をかければ大丈夫です。

こうやって「自分の仕事」を増やせる人が、メキメキ仕事ができる販売員になっていくのです。

怖い人にのまれないポイントは「おどおどしないこと」

店長が皆、聖人君子のような人ならいいのですが、上司は選べません。

機嫌が悪かったり、理不尽に怒られることもあるでしょう。

店長ではなく、先輩やエリアマネージャーなどが怖い場合もありますね。

どこかに、怖い人は必ずいるのです。


売上が悪い時、あからさまにピリピリする店長がいました。

ある売上が悪い日、レジの精算をしていた時の話です。金額が1万円も合わないことにスタッフが気づきました。

ただでさえ機嫌の悪い店長に、この報告をしなければなりません。

スタッフたちは凍りつきました。

店長は、ひたすら無言で売場のディスプレイを変えています。

そこに、後ろから小声で話しかけるスタッフ。しかし、店長は気づきません。

「あのう……」

と何回か横から小さな声で、

「お金が、合わないんです」

と言うと、ようやく気づきました。

小さく自信なさげな声のスタッフに店長は、

「え？　何？　聞こえない！」

と激高しました。

話しかけるスタッフのドキドキが伝わってくるようです。

イライラしている人に話しかけるのは非常に勇気がいりますね。


このような場合でも、対処法はあります。

それは、**イライラしている人に話しかける時のポイントは、おどおどしないことと、後ろから話しかけないことです。**

毅然とした態度ではっきりと話しかけましょう。

イライラしがちな人に対するときは、「相手のペースにのまれたらダメ」ということです。

私の上司であった店長は、恐れられているエリアマネージャーへの報告が上手でした。

エリアマネージャーが来た瞬間に、はっきりとした声で、

「マネージャー、ご報告があるのですが、お時間はありますか」と切り出します。

言いにくいことほど、「売上が取れず申し訳ございませんでした。理由は、売れ筋の在庫確保が……」など、言葉を濁さず明確に話をします。

言い訳がなく、簡潔な話にエリアマネージャーも、

「わかった、次は頑張ってね」

と応じていたのが印象的でした。

怖くてできない、と思うかもしれませんが、まずやってみましょう。

慣れるとできるようになります。

どんな相手でも物おじせず、論理的に話せる人は頼りがいがあります。

言いにくいことを言いにくいタイミングで言う時、おずおずと口ごもっていないでしょうか。

見えないところから恐る恐る話しかけていないでしょうか。

言いにくいことほどハッキリ、ハキハキ、簡潔に。

相手のペースにのまれないためには、これがいちばんです。

辞める人を少なくするには「声をかけ合う」こと

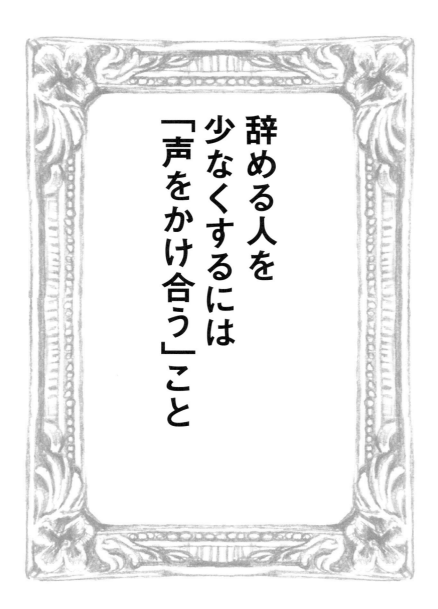

私がエリアマネージャーだった頃、セールやゴールデンウィークのあとを恐れていました。

なぜならその時期、店長から「スタッフが辞めたいと言っています」という報告が増えるからです。

繁忙期は商品の数も、お客様の数も増え、やることが膨大になります。

今までスタッフが抱えてきた何かしらの不満が爆発しやすい時期なのです。

「辞めたい人が出るのはどうにもできない」とお思いでしょうか？

退職希望者を減らすために、私たちひとりひとりが簡単にできることがあります。

それは、どんなに忙しい時でも「声をかける」こと。

こんなことで、仕事へのモチベーション、職場への愛情は大きく変わってきます。

不満が起こらない仕事はありません。

しかし、やる気が起きない仕事というのもありません。

「私は、これが得意だ」

「この仕事にやりがいを感じた」

など、心から湧き上がる気持ちがあれば、仕事は続けられます。

そして、やる気のために必要なのは、周りから頼りにされたり感謝されたりといった、誰かに認めてもらうというアクションです。

仕事が忙しくなると、つい人はお互いを励ましたり、ねぎらいの言葉をかけたり、感謝の言葉を述べることがなくなりがちです。

すると、辛いことや理不尽なことに何とか耐えていた気持ちが、ぷつりと切れてしまうことがあります。

ショップ内にお互いを認め合うつながりがないと、孤独になり、自分のつらさや不満を反芻《はんすう》してしまい、退社の結論を出してしまうのです。

だから、どんなに忙しくても、誰かへの一言をおざなりにしてはいけません。忙しい時でも、

「品出し、早くできるようになったね」

「倉庫整理ありがとう！」

といった、

「いつでもあなたの仕事を見ているよ」

という気持ちを伝えることが、モチベーションを保つことになるのです。

これらの仕事は店長の仕事と思っている人もいるでしょう。

しかし、お店の雰囲気を気持ちよくするのには、全員の声かけが欠かせません。

あなたが、先輩や後輩にも、どんどん声をかけていくことで、自分にもいい環境が返ってきます。

お互いを認めあうことは、誰しも仕事の原動力になります。

忙しい時ほど、お互い声をかけあいましょう。

忙しいつらい時期を乗り切ることができれば、より強いつながりで店の売上を良くしていけるはずです。

話しかけづらい人への魔法の言葉は、「休みの日は何をしているの？」

「入ってきた新入社員がクールで、何を考えているのかよくわからない」という悩みは、意外にも聞くことが多いです。

距離を縮めたいけど、反応が薄いという理由で、どうすればいいのかわからないそうです。

そんな時、相手との距離を一発で縮めるフレーズがあります。

それは、「休みの日は何をしているの？」。

このセリフは万能で、思いもよらない一面を知ることができます。

また、その人が何に興味を持っているかわかるため、会話をしやすくなります。

周りから「おとなしい、謎の人」と思われている新入社員がいました。

必要最小限のこと以外、まったく口をきかなかったからです。

しかし、ある日、店長が閉店後に、

「休みの日は何してるの？」

と聞きました。

他のスタッフが、間違いなくインドア派だと思って聞いている中、その返事は「サッカーをしている」とのこと。

驚いた別のスタッフから、

「いつからサッカーやってるの？」

「試合はするの？」

と質問が飛び交い、その新人は、ただの口下手で話すのを遠慮していたことがわかりました。

それをきっかけに、今ではお店のムードメーカーです。

少しでも早く距離を縮めて、阿吽《あうん》の呼吸で仕事をしたいですよね。

この質問を使って、スタッフの間にあるよそよそしい空気を解消していきましょう。

叱られ方が上手な人は得をする

売場で仕事をしていれば、叱られない人はいません。

しかし、誰かが叱られると、お店の雰囲気は格段に暗くなるものです。

その中で、叱られたことをいつまでも気にしていると周りが心配し、ますます暗くなってしまいます。

一方で明るく振る舞えば、反省していないようにも見られます。これも、人間関係を不穏にしかねません。

その点、叱られ上手になれば、その場の雰囲気を不穏にするどころか全体のモチベーションをあげることができます。

先輩も「この子は教えがいがある！」とますます後輩を可愛がろうとするでしょう。

ぜひ、叱られ方もお作法としてマスターしてみましょう。

「品出しができていない」と注意を受けたある販売員がいました。

彼女は「品出しをしようとしたら、お客様が入ってきて……」と言います。

先輩はその様子を見て「口答えをした」と思ったようです。

余計に怒られてしまいました。

ここで、叱られ上手の人はどうするでしょうか？

まず、

「品出しができていない」

という言葉には、

「申し訳ございません。今度は気をつけます」

とすぐに頭を下げます。

そして、

「お客様から声をかけられるとつい忘れてしまいます。先輩はどうされているんですか？」

と意見を求めましょう。

こうなると、叱った側も、

「叱られたことで、それを改善しようとしている」

と、前向きに受けとめてくれます。

叱られる時のコツは、とにかく、まず言い訳なしに謝りましょう。

もし理不尽なことがあっても「自分は悪くない」という姿勢を見せれば損をします。

なぜなら「この人は反省しない！」と相手を怒らせてしまうからです。

自分の気持ちを伝えることは、あとからいくらでもできるので、言い訳は一旦ぐっと我慢しましょう。

私がおすすめしたいのは、このあと自分の気持ちをきちんと言葉にすることです。

自分が我慢しすぎることも、結局職場の風通しを悪くします。

ただし、そのまま言っても角が立つので、「聞く」スタイルにするのです。

「◯◯してみたかったのですが、できませんでした。できるようになりたいのですが、良い方法はありませんか？」と聞いてみましょう。

このように伝えると「頼りにされている」と先輩もやる気が出ます。

叱られた側が前向きな姿勢で、言われたことを素直に改善する姿勢を見せると売場には良い空気が流れます。

お店で叱られた時、いちばんあとに響くのがネガティブになってしまうこと。

ぜひ、叱られ上手になってください。

注意する時のポイントは、
「解決案を示すこと」と
「一緒に頑張ろう」と
伝えること

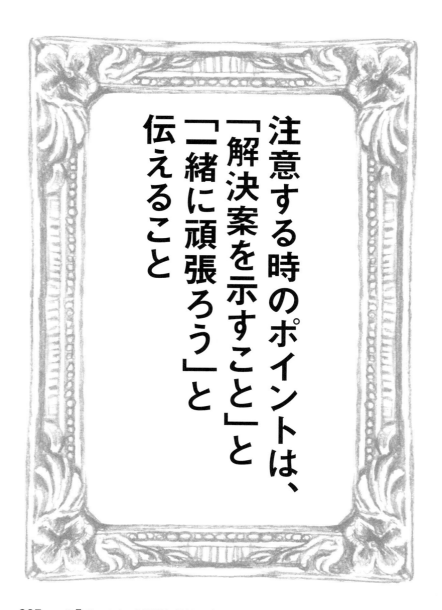

先ほどは、叱られた場合のルールをお伝えしました。

ここでは逆に「あなたが叱る場合」も知っておきましょう。

下手な叱り方をしてしまうと、こちらも人間関係にひびが入ります。

基本のルールを押さえておきましょう。


新しくアルバイトなどのスタッフが入った時などに、注意を促すシーンがあるかもしれません。

そんな時、どのようにしたらよいでしょうか。

正しい叱り方を知る前に、よくありがちな「だめな叱り方」を紹介します。


私が入社してしばらくたったころ、インターンが入ってきました。

初めて販売の仕事についたせいか、失敗だらけ。一向に仕事も覚えてくれません。

業を煮やした私は、少々厳しい口調で注意をしましたが、すっかり落ち込ませてしまいました。

私はその姿にかなり焦ってしまい、彼女の気持ちを和らげようと、

「いつも頑張ってるね」

「今日は調子良い？」

など褒めたりおだてたりしました。

しかし、場の空気はすっかり険悪になり、インターンも落ち込んだままでした。

なぜ、叱った相手のテンションを上げようと褒めてはいけないのでしょうか。

注意された人が落ち込むのは、

「私だけできなくて申し訳ない、恥ずかしい、嫌われたかもしれない」

という気持ちがあるからです。褒めたりおだてたりすることでは、その気持ちを解決することはできません。


注意する時のポイントは、「必ず相手に失敗への解決案を示すこと」と「一緒に頑張ろう」と伝えることです。


仕事は自分なりに考えながら行うことも大切です。

しかし、答えがまったくわからなかったり、右も左もわからない状態で丸投げされると、ミスを連続してしまうこともあります。

そんな時に「○○という方法や、○○というやり方があるよ」と選択肢を示してあげると、ほっとするでしょう。

先ほどのインターンが、ゴミ捨て当番を忘れてしまい店長から注意をうけていました。

しかし、そこで店長は、

「ゴミ捨てを忘れてしまうのは、なんでだと思う？」

と訊き出しました。

「他の人に何かを頼まれたり、品出しをしている間にうっかり忘れてしまう」

というインターンに、

「じゃあ、忘れないように紙に書いて貼っておいたり、ゴミ捨ての時間を変えたらどうかな。慣れるとできるようになるよ！　がんばろう！」

と提案しました。すると、その時から、彼女は忘れなくなりました。

「注意する時は、解決案も必ずセットで、一緒に頑張ろうという気持ちも伝える」ことを覚えておきましょう。

注意は3つまで

後輩を持つと、言いたいことが山ほど出てきます。

接客、売場づくり、レジのやり方まで……。

真面目な先輩ほど、さまざまなシーンで注意したい点が出てくるものです。

しかし、たくさん注意してしまうことは逆効果です。

「育て上手な先輩」は、一体何をしているのでしょうか?


これも、私の失敗例です。

私は、上司から「接客に関する注意は、接客が終わったあとすぐに伝えると効果的」と教えてもらっていました。

ですから、後輩の接客が終わると同時に話します。

まるでたたみ掛けるように、気づいた点を指摘していたのです。

しかし、教えても教えても後輩は売れるようになりませんでした。

しかも、毎日同じようなことを指摘しているような気がするのです。

後輩も私から注意を受けるたびに萎縮《いしゅく》してしまい、どう考えても「いい方法」ではありませんでした。

早いうちに指摘したほうがよいのは確かです。

自分がやったこと、それによってお客様がどのような反応を示したかを、ありありと覚えているからです。

しかし、たくさん注意をすると、険悪なムードにもなります。

こちらも「どうして言ったことを覚えないんだろう」とイライラしますし、相手も「こんなにたくさん注意をするなんて、この人は私を嫌いなのかな」と思うかもしれません。

つまり、注意をたくさんしすぎることの問題点は、

①いろいろなことを矢継ぎ早にいわれても、相手は消化できない

②険悪なムードになってしまう

の２点に尽きます。

ある教え上手な先輩がいました。

彼女の下にいると、必ず売れる販売員になるというすごい人です。

彼女の指導のポイントは、「ひとつの項目につき、ひとつだけ、その日ずっと注意

する」です。

接客が終わると、

「さっき注意した表情、だいぶ柔らかくなってきたよ。自信のない時になると、それが顔に出るから気をつけてね」

などその日一日、ひとつの項目について何度も具体的に指導してくれました。

こうすることで、何をクリアするかが明確になり、また、その注意も、「自分の課題をクリアすることを手伝ってくれている」と意欲を持って聞けるようになります。

必ず、「ひとつの仕事につき、ひとつに限定」で言いましょう。

例えばファーストアプローチのタイミングが気になったら、次の接客でもファーストアプローチのタイミングについて指摘します。

他に気になることがあるなら、次の日に回しましょう。

事務や整理のことなど、複数指摘したい場合もあるはずです。そういう場合は、違うジャンルを3つまでにします。

そのジャンルについてはひとつに絞ります。

一見少ないように感じますが、習得しやすくなります。断然そちらのほうが早いのです。


そして、可能ならば終礼の時間を使い、発表の時間を設けましょう。

注意を受けた人が、どうやって自分なりに解決したかを話すのです。こうして言語化すると、やったことを覚えやすくなります。

そして、確実に自分のスキルを積み上げられます。

大切なのは、教える側が焦らないこと。

その日ひとつでもできるようになったことを評価し、一歩一歩できるようになることを目指しましょう。

自分よりおしゃれなお客様の接客

販売員はお客様により豊かな生活を提供するために「商品説明をする」ことを目指すべきです。

しかし、新人の時は、すでにお客様のほうが洋服や、メイクや、髪型など、自分よりも素敵な場合もあります。お客様のほうが商品内容に詳しい時もあるでしょう。

このようなアドバイスがしようのない場面でも、接客はできます。

そのポイントは「信頼感」です。

新入社員の後輩が入った時のことです。

彼女は正直言うと、全然おしゃれではなく、だいたいのお客様のほうがおしゃれだったくらいです。

ファーストアプローチもためらっているようです。

そんな様子を見かねた先輩が、アドバイスをしていました。

「いきなりおしゃれに変身するのは難しいんだから、おしゃれなお客様から勉強させてもらうスタンスで臨めばいいんじゃないかな」

ある日、モデルのような美しい人を、後輩が接客しました。

当初はぎくしゃくしていたようですが、見ているると話が弾んできているようです。

「このパンツは、お客様だからこそ着こなせるんですよ」

といった心からお客様を尊敬している褒め言葉に、お客様はすっかり嬉しくなっていたようです。

「お客様はこちらのほうが似合うんじゃないでしょうか」

と言うのに対し、お客様は、

「あんまり好きじゃないけど着てみようかなー」

などと友達のようなやり取りが生まれ、購入されていました。

後輩は「教えてください」というスタンスで近づいた結果、お客様も「教えてあげよう」という気持ちが生まれたようです。

そして、お互いが心を開いたことで信頼感が生まれました。

もちろん、「おしゃれになる」「お客様よりも知識が豊富になる」などはプロとして当然の意識ですし、それを軸に信頼は生まれます。

しかし、それが難しい場合は、本音で、

「すごいですね」

「勉強になります」

と言いましょう。


自分とお客様の心が通うと、信頼感が生まれます。

本来、販売員はその商品の先生です。

しかし、それができなくても、信頼感を生むことはできます。

もし、自分よりもおしゃれだったり、詳しかったりするお客様に怖がってしまうことがあったら、まず正直に会話をしてみてください。

怖がることはありません。

心を通わせる手段は、どんな場合でも必ずあります。

販売は、方法を知れば身につくスキル

あなたは、お客様に媚びたことはありますか？

以前の私は、お客様に媚びてばかりいました。

そして、これが原因で、販売員の仕事をやめようと思っていました。

正直言うと、私は販売の仕事なんて大嫌いでした。

「お客様のために」なんて言う割に、会社はやたら高い予算を店に押しつけてきます。

販売員にあの手この手を使って売らせればそれでいい、というかのようです。

お客様に擦りより、持ち上げ、調子の良いことを言って売上をあげていくことは、

とてもつらいことでした。

皆さんの中にも、同じような気持ちの方がいらっしゃるのではないでしょうか。


この本の中で声を大にして言った「商品説明のスキル」と、その他の技術。

これは、生まれ持ったセンスなどではなく、方法を知れば身につくものです。

もし、皆さんが「売れない」ということに悩んでいるとしたら、そのスキルを磨けばいいだけです。


お客様に媚びたり、自分の性格を偽ったり、嘘をつく必要なんてありません。


この本を読んだ皆さんが、友達に会ったり、親戚の集まりに行ったり、人に自分の仕事を紹介する時に、

「へえ、販売員っておしゃれだよね」

だけの感想ではなく、

「販売員ってすごい仕事だよね」

と言ってもらえるようになってほしい。

そう思ってこの本を書きました。


販売員はスキルが必要な、立派な専門職です。

そのスキルがあれば、どこに行っても、どんなお店でも、立派に食べていけるし、仕事に困ることはありません。

「お客様に買わせているかも」から「お客様に満足してもらい、その対価としてお金をもらっている」に変わった瞬間から、世界が変わります。


まだまだ接客嫌いのお客様が多い中、これからの接客を、ぜひ皆さんの手で変えていっていただけることを、切に願っています。

この本を手に取っていただき、読んでいただけたことに心から感謝しています。

平成二十九年三月

桐山　知佳

[著者]
桐山知佳（きりやま・ちか）
接客アドバイザー。
アパレル2社でトレーナーとして全国の店長や販売員を200名以上育てる。当初は「人を育てる」ということに戸惑い、ひたすら叱る、褒めるを繰り返すが、数字は伸びず、スタッフの退社は後を絶たなかった。それを機に指導方法を一新。「具体的でわかりやすく、誰でも接客への自信がつく」指導方法で、全国の店舗の売上を改善。
不採算店舗を立て直し、前年比200％の売上を達成、多くの販売員を続々と店長へ昇格させた。
現在ではその手法を活かし、アパレルに限らず、全国のインテリアや雑貨店、美容室など多岐にわたる分野で接客アドバイスを手がける。
新人、店長、お客様それぞれの目線からの指導方法で、販売員に限らず全国に根強いファンを持つ。

売れる販売員は似合わないものを絶対に売らない
——すべての販売員への教科書

2017年4月12日　第1刷発行

著　者——桐山知佳
発行所——ダイヤモンド社
〒150-8409　東京都渋谷区神宮前6-12-17
http://www.diamond.co.jp/
電話／03･5778･7234（編集）　03･5778･7240（販売）

ブックデザイン—矢部あずさ（bitter design）
DTP———キャップス
校正————加藤義廣（小柳商店）
製作進行——ダイヤモンド・グラフィック社
印刷————堀内印刷所（本文）・共栄メディア（カバー）
製本————ブックアート
編集担当——中野亜海

ISBN 978-4-478-10204-6